U0023016

後現代教育 張文軍著

Post-modern Education

序

　　隨著後現代主義在哲學、文藝批評、文化研究、心理分析等領域的粉墨登場，人們日常生活中在小說、詩歌、電視、電影、廣告、音樂、建築、美術等作品中遭遇後現代現象的日益頻繁，以及人們的生活方式和狀態的自覺或不自覺的轉變，人們逐漸意識到，一種新的社會狀況──後現代社會已經來臨。

　　作爲擔負著幫助年輕一代成長任務的教育，在這樣一種社會狀況中，要作怎樣的變更？這個問題成爲許多教育家所關心的重要問題。

　　本書試圖對後現代教育得以滋生的社會狀況、後現代主義者們對現代教育的反思進行描述和分析，在此基礎上，對後現代課程觀、教學論、教育管理觀作一些梳理和呈示，並提出一些筆者自己的看法。至於後現代教育確切的狀態是怎麼樣的，筆者並未妄加判斷。預言式的文本本身，就不符合「後現代」這個詞的含義。

　　當然，也有教育家描繪了後現代教育的前景，例如，美國教育家斯阿羅諾維茲（Stanley Aronowitz）和吉魯（Henry Giroux）在他們合著的《後現代教育》（*Postmodern Education*）一書中，就作了這樣的描述：

i

「我們可以想像一個後現代中學，它的最顯著的特徵是：學習內容是由地方決定的。級別較高的團體——國家和地方學校董事會、校長和部門主管——可以提出課程計畫、教科書和教學法。家長可以提出他們所關心的東西並試圖影響教學內容和教學方法。但學生和教師擁有最後的決定權。由立法機構根據政治和管理體制所規定設置的課程要求而建立起來的成績責任制評價標準被廢除了。不再有自上而下強加的要求。學生和教師共同商討需要開設哪些課程。學生可以計畫課程或進行自學，教師也可以開設課程。……在教師和管理人員試圖勸說學生遵循特定的學習方案時，他們與教師共同進行關於課程的討論。課堂並不像傳統獨斷式課程表制那樣，按教師講課、問答、佈置作業的程序進行。事實上，普通的課（其時間和頻率都不是固定的）就像一個開放的課堂，不同小組的學生同時學習相應課程的不同方面，也有學生受到教師或其他有學識的人的個別指導。他們還經常去圖書館或進行實地作業。他們必須學的東西比典型的中學課程所要求的要少得多。他們可能花整整一年時間去深入學習一兩個領域的知識。教師採取各種各樣的教學方法，包括對整個班級或對小組講課。……」❶

這不過是一種有關後現代教育的構想而已，事實上，透

---

❶ Stanley Aronowitz and Henry Giroux, *Postmodern Education：Politics, Culture, and Social Criticism*,（University of Minnesota Press： Minneapolis, 1991）, p.20–21.

過閱讀本書，讀者將會發現，關於後現代教育的構想和實踐
可以是一種非常多元的組合和形式。而筆者身為作者，雖然
只是粗略地在有關後現代教育的文獻的「碎片」
（fragmantations）中尋找「蹤跡（traces）」，試圖在其中
作一次旅行，但是，筆者真誠地希望讀者對本書的文本進行
批判性的閱讀，並形成讀者自己對後現代教育的具體構想。
因為，每個讀者與教育的關係，以及與本書的關係都是不同
的，你面對的可能是作為政府所該考慮的教育問題，或可能
是作為教育機構的負責人所考慮的問題，也可能是作為成人
的自我繼續教育的問題，或是作為教師、家長所考慮的教育
問題；你可能更關心當前和今後的教育實踐，也可能側重研
究教育理論；你所關心的教育層面可能是整個體制，也有可
能是大學、中學或小學……但在後現代狀況的包圍之下，這
些問題都不可避免的處在後現代的遭遇之中，希望本書能夠
為思考後現代狀況下的這些問題或後現代地對待這些問題，
提供一些視角和參照。

　　最後，感謝揚智出版公司提供了出版這本小書的機會，
並感謝兩位好友孟樊先生和葉忠賢先生給我的諸多幫助。

張文軍　謹序

目錄

導論

　　本書試圖對後現代教育作大致的勾勒，描繪其來龍去
脈，及其在教育理論、課程、敎學等方面的風景線，爲對後
現代教育有著理論和實踐上的渴望以及對後現代教育有一定
的好奇心的人，提供一些展望後現代教育圖景的素材。本書
作者在大量的衆說紛紜的第一手資料及二手資料的基礎上，
以自己的理解來梳理出一些「蹤跡」，並根據這一「蹤跡」
展開整個叙述。本書的章節安排如下：

第一章：後現代狀況與教育

　　大致概括後現代狀況的特徵及其對教育可能產生的影
響。後現代狀況是現代性的發展及其危機所導致的狀況，是
現代性與後現代性相互鬥爭的結果，後現代性的特徵表現
在：經濟的靈活性、全球化的悖論、確定性的消失、組織方
式和管理方式的流動性、無邊際的自我、高科技模擬世界、
時空的濃縮等方面。這些特徵成爲人們反思現代主義的切合
性的基礎，也爲教育理論和實踐的變化提供了背景。

第二章：後現代主義對現代教育的反思

　　闡述了後現代主義在反思現代主義的同時對現代教育所
進行的深刻反思。後現代主義的理論鋒芒直接指向現代教育

的目的、認識論基礎、教育制度等最基本的構件，指出現代主義教育並非是一種理所當然的教育形式，它具有致命的弱點和危害，需要改造甚至取消。

第三章：後現代課程觀概覽

後現代課程觀點總結和選擇了反映後現代狀況的要求和後現代主義精神的課程觀中所包含的三個主題作為切入點，介紹以注重相互依存和維持生態為主題的課程觀，以民主、平等和烏托邦思想為主題的課程觀，以混沌學和無限宇宙觀為基礎的課程觀。指出後現代課程觀的特徵是：與教育哲學關係密切，透過對人的本質、知識、精神世界和倫理等問題的重新理解，試圖為建構更本真和幸福的人和人類提供更多可供選擇的課程方式及內容。

第四章：後現代教育學思潮

介紹兩種比較成熟的後現代教育學：邊界教育學和後現代女性主義教育學。其中邊界教育學試圖建立以「逆記憶」和「逆文本」為核心概念的教育學；而後現代女性主義教育學則分為本質論和構成論兩種，其中以「關愛」為核心思想的後現代構成論女性主義教育學具有較強的感染力。

第五章：後現代學校教育管理觀

以美國為例，從對學校管理的認識、對學校管理的過程觀和組織形式觀這三個不同的理論側重點的角度，對後現代學校管理進行了簡單的介紹，也對其特徵、主題和問題進行了分析。

如果說後現代主義對現代教育的反思的主要貢獻在於其解構作用的話，後現代課程觀、後現代教育學思潮和後現代學校管理觀則不僅體現了後現代主義對現代教育的反思，而且體現了對後現代狀況中的教育情況的關心，是以建構為主的教育思想。

第六章：後現代教育思想對教育研究和實踐的啓示

後現代教育思想的啓示在於：首先，它為研究教育現狀和策略提供了背景和思路；其次，後現代主義方法論，尤其是系譜學方法論對思考教育問題有啓發意義；第三，它促使教育研究者重視原先被忽視的問題，這些問題包括：差異問題、他者問題、權力問題、課程內容的合法性問題這些比較宏觀的理論問題，以及吸毒、同性戀、愛滋病等被現代學校教育所迴避的具體問題。

或許，這些思想最終的啓示，應該是為後現代教育變革和構成提供更多的選擇。

第一章　後現代狀況與教育

　　「後現代」這個詞在今天已經不是一個新鮮的詞彙，這個在十九世紀30年代就已經出現的詞，在第二次大戰後曾兩度盛行於西方的學術界（五、六十年代，八十年代），並成為全世界都在討論的熱門話題。討論後現代大抵有兩種方式，一種是以社會變化來看後現代的特徵，另一種是學理上的探討。前一種是以社會變革的程度來確定後現代社會，而後一種則是以思想的方式和內容來確定某學者的思想是否是後現代的，在這一種區分方式中，不僅是一些新近的思想家，如李歐塔（F. Lyotard）、羅逖（R. Rorty）、格里芬（D. Griffin）等人被稱為後現代主義者，一些較早期的思想家，如尼采（F. Nietzsche）、維根斯坦（L. Wittgenstein）、杜威（J. Dewey）、懷德海（A. Whitehead）亦都被視為後現代主義思想者。筆者以為，這兩種分析方式是我們了解後現代時都應該涉獵的，因為，對教育來說，現實的後現代狀況會成為教育變革的環境與出發點，而後現代主義思想可以成為我們反思現代教育，展望今後教育的參考。因此，在本書中，我們首先要考查後現代社會狀況及其對教育的衝擊，然後再參考後現代主義對現代教育的反思以及它所提出的教育學、課程觀和學校教育管理

觀。我們將會看到，一些前衛的思想家確實超乎時代地對後現代狀況作了精闢的分析，而後現代狀況和後現代主義對教育的變革會起綜合的作用。

首先我們來考察後現代社會的總體特徵及其與教育的關係。這裡的思路是，我們所置身的世界已經超出了啟蒙時代的夢想，在達到了啟蒙時代對經濟生活水準的展望的同時，也被各種啟蒙理想所始料未及的特徵所包圍。如今，現代性「工程」所引發的後果使我們的社會無法再用「現代社會」一詞來概括，正如馬克思在《共產黨宣言》中指出的「隨著大工業的發展，資產階級賴以生產和占有產品的基礎本身也就從它自己的腳下被挖掉了。它首先產生的是它自身的掘墓人」❶那樣，現代主義在它開始的時候，也已經為它自己埋下了覆沒的種子。現代主義危機四伏的時代已經到來，在現代性與後現代性的矛盾鬥爭中，後現代特徵滲透到了我們生活的各個層面，後現代社會已經來臨，它正在對教育產生衝擊並將影響教育的發展。

第一節　現代性的危機

丹尼·貝爾（D. Bell）在《後工業社會的來臨》一書中，以生產和使用的各種知識為中軸原理，提出了前工業社會、工業社會和後工業社會的人類社會嬗變的概念順序。❷

---

❶《馬克思恩格斯選集》第一卷，p.284，人民出版社，1995。

這一概念順序被大衛‧伯姆（D. Burm）等其他學者稱爲前現代、現代和後現代社會或秩序。這些學者之所以提出這樣一種嬗變順序，是因爲他們對歷史和現代性的特徵和危機進行了細緻的考察，並認識到了後現代的到來是不可抗拒的。爲了更好地考察後現代社會來臨的原因及其特徵，我們有必要先分析現代性的特徵及其危機。

現代性這個概念不同於「現代主義」、「現代」和「現代化」，它代表了這三者的總和。❸具體地說，現代性表示一種這樣的社會狀況，它由啓蒙的信念驅使並維持，相信理性和科學的進步，相信技術能夠征服自然，並且堅信，將科學技術運用於社會改革，就能控制和改善人類的狀況。❹從經濟角度看，現代性始於大工業生產，大工業生產引起的生產與家庭的分離，以及爲發展生產力、提高國民收入爲基本目標的壟斷資本主義和國家社會主義。現代經濟的典型特徵是擴大再生產。從政治角度看，現代性表現在由政府對決策、社會福利和教育、經濟和社會規範進行干預和控制。從組織形式看，現代性的表現爲分等級的、根據專業分化的科層體制，這種體制往往龐大臃腫。從個人層面看，現代性強

---

❷丹尼‧貝爾，《後工業社會的來臨》，高銛等譯，商務印書館，1986，p.17。

❸Margaret A. Rose, *The Post－mordern and the Post－industrial*, Cambridge University Press, 1991, p.1.

❹ F. Jameson, *Postmodernism, or the Culture Logic of Late Capitalism*, Derham, NC：Duke University Press, 1991, p.343.

調制度和秩序，強調理性和集體，試圖將每個人成為現代性工程的零件，忽視人的個性，導致人的異化，人與人之間關係疏遠，個人生活意義喪失。

雖然人們對現代性的命名和分期還存在著分歧，但對現代性的主要特徵的看法基本一致。現代性的根本特徵在於它的啓蒙信念：相信透過科學技術的系統化發展，以及理性在社會和經濟生活中的作用，能夠改造自然並使社會不斷進步。與前現代社會相比，在現代社會中，經濟的再生產和人的再生產是分開的而不是統一的。生產和消費都是大規模的。用馬克思·韋伯（M. Weber）的話說，現代性的發展過程是經濟生活和社會生活「理性化」的過程。托佛勒（A. Tffler）也指出，現代性是以「大煙囪」爲特徵的，它建立在「規模」經濟的基礎上。它的極端表現是壟斷資本主義和國家社會主義。

哈伯瑪斯認爲，現代性工程主要以社會解放和發揚人性的名義展開。現代性工程「透過啓蒙思想家們根據客觀性科學、普遍道德和自發藝術的內在邏輯對它們進行開發，並取得了非同尋常的進展。其思想目的在於透過許多個人的自由的創造性勞動來積累知識，以追求人類的解放和日常生活的完善。科學對自然的控制允諾人們免於貧窮、慾望和自然災害。社會組織和思想的理性形式允諾人們能擺脫神話、宗教、迷信等非理性因素，從濫用權力等人性的陰暗面中解脫出來，只有透過這樣一個工程，才能弘揚全人類普遍的、永恆的品質。」❺

　　但是，二十世紀兩次世界大戰徹底摧毀了這種樂觀主義，對現代性的理解出現了分歧，人們開始注意到「當現代主義將理性作為人類進步的工具的同時，理性也為殖民主義、帝國主義和法西斯主義等人類幸福的障礙提供了理論依據」。❻特納（B. Turner）認為：「現代化引起了意義的缺乏，多種價值觀間無休止的衝突，以及鐵籠子似的科層制對人的威脅。理性化使世界變得更為秩序化，更為可信；但它不能使世界變得有意義」。❼

　　其實，現代性一直是個矛盾現象。它可能改善人類的境遇，也可能毀壞人類。現代性的矛盾可從以下幾個方面來分析：

　　㈠經濟方面，現代性允諾效率、生產力發展和富裕。但它同時導致管理人員和工人的分離、規劃與操作的分離、體力勞動與腦力勞動的分離；使工人的工作日益瑣碎和機械，導致科技統治人的局面。

　　㈡政治方面，現代性促使整個國家凝結為統一的軍事力量，並促成了福利國家的產生。在高度現代性中，政府的作用十分突出。政府機構日益強大，集權化傾向嚴重，對社會生活諸方面的干預日益加強。西方政府透過福利改革，對經

❺D. Harvey, *The Condition of Postmodernity*, op.cit. Note. 9, p.12.

❻D. Elkind, School and Family in the Postmodern World, in *PHI DELTA KAPPAN*, 1996, No.1, p.10.

❼B. S. Turner, *Theories of Modernity and Postmodernity*, London, Sage Publications, 1990, p.6.

濟生產進行協調和干預，以保證社會進步。

現代政府重視計畫。它們以增進效率和改善人類爲目的，制定和實施各類計畫，對民眾進行約束、控制和干預，從而實現對他們的保護和監督。

㈢組織形式方面，現代性的政治和經濟對各類社會機構的組織形式產生了巨大影響。現代機構的組織形式規模龐大、分工細緻、紀律嚴明、管理程式化，但較少顧及個人的需要。學校就是典型的現代機構。現代學校教育體制是隨著大工業對勞動力提出的要求而日益壯大起來的，學校的規模大，人數多，採用班級授課制，但它不能解決社會需要的矛盾，也無法處理好基礎教育和專業教育的矛盾。

㈣個人方面，現代性介入了個人和個性的塑造。「現代教育過程基於人本主義的理想，試圖塑造一種確定的主體，這種主體能夠自我設計、自我誘導，是能夠調控自己的理性主體」。❽一方面，現代科層制爲個人提供了期望得以實現的機制，也引導人們的期望，使之合乎現代性的要求。另一方面，雖然合作的科層制爲個人提供報酬和滿足，但它傾向於構造討人喜歡的性格，而不是激勵每個人自己的內心世界。個性在企業中必須能夠商品化，能伸能縮。企業或機構的需要和個人需要無法達成一致。因此，在現代性中，個人的安全感、成就和個人地位的獲取，從某種程度上說，要以

---

❽R. Usher & R. Edwards, *Postmodernism and Education*, Routledge, 1994, p.24.

犧牲個人為代價。

　　現代性的這些內部矛盾隨著現代性的發展日益激化。本世紀60年代末、70年代初，現代經濟、政治和組織形式所引起的危機已經十分明顯：美國60年代青年的頹廢，反越戰運動的興起，大學中暴力行為的增加；法國的五月風暴；英國搖滾樂的風靡；1973年的石油危機，以及隨之而來的經濟蕭條等等，都是這些危機的外在反映。

　　這些危機的癥結在於現代性本身的問題：

　　㈠經濟上，現代性已經走向衰竭，現代社會財富再生和資本積累的基礎是大規模的生產和消費。日益增長的消費刺激著生產的繁榮和發展。現代社會的經濟秩序的核心是經濟擴張，而經濟擴張的途徑之一，是開拓國際市場，但到了70年代，國際市場已經基本飽和，並且由於其他國家工業化水準的提高，本土技術的發展和廉價的勞動力，使西方國家很難與其競爭。如果一定要拓展國際市場，西方國家的投資和時間投入都變得十分高昂。現代西方經濟的效率和生存都受到了嚴重的威脅。

　　㈡政治上，西方經濟危機很快就導致了政府的財政危機。現代西方經濟是依據凱因斯的經濟學建立起來的，它強調政府的調節功能，由政府掌握公共服務機構。政府投資教育、醫藥和服務等部門，以提高社會期望，預防不滿情緒，培養受過教育的、有技術的健康勞動者，創造和諧的社會環境，為生產力的發展服務。

　　由於經濟的崩潰，政府在教育、社會福利和公共服務方

面所投入的費用就成了納稅人所無力承擔的奢侈品。隨著失業人數的增加和財政收入的減少,政府對這些工作開始顯得力不從心。政府耗資既多,辦事效率又不高。原先慷慨的干預性政府一下子成了失敗的侵犯性政府,它失去了其合法性。❾70年代以後,這種財政危機和合法化危機已經定型,並引發了西方社會的教育改革和福利事業的改革。

㈢組織形式上,法人代表制和科層制受到了譴責。人們認為它是效率低下和不公平的禍根和土壤。泰勒(Charles Taylor)指出,現代性的癥結在於,工具理性(或技術理性)作為評判和規劃的基礎,對組織形式和社會生產起主導作用。由於工具理性的主導作用,現代性不可避免地會出現許多顯而易見的問題:缺乏遠見、決策僵化、結構狹隘、規劃單一、對公眾需要缺乏反應、為社會需要而犧牲人的情感、人類共同體中意義感消失等等。由於這些原因,然而現代性的組織形式,其科層制和管理等級制迫切需要改革。

㈣個人層面上,現代性強調人性中善的一面,強調理性對人類行為的控制作用,強調道德和法制,然而現代性組織形式在某種程度上又壓制了個人的需求和慾望,壓抑了人性中的非理性因素,導致心理失衡現象。在科層制和等級制中處於最底層的人,由於無法在整個體制中獲得尊重和自我實現以及對整個集體的認同感,容易滑出現代性所期望的軌道。犯罪、吸毒等現象十分普遍。

---

❾J. Habermas, *Legitimation Crisis*, London, Heinemann, 1976.

　　經過以上的分析，我們可以發現，經濟、政治和組織形式的現代性進程都面臨著嚴重的危機，現代性大廈處於崩潰的邊緣。

　　現代性正走向衰竭，但現代性是否會走向終結，何時會終結，是無法妄加定論的。從當今世界的經濟、政治和文化狀況看，現代性依然在起作用，但現代性的發展卻導致了與現代性本身相悖的後果，這些後果是為未來繪製美好藍圖的現代社會的設想者們所忽略或未預料到的，它們有力地衝擊著現代性的假設，引導社會向另外方向發展。這種發展，和現代性尋求事物發展規律的思路是相左的。學者們用「後現代」這個詞來描述這些後果和新的力量，❿來描繪在現代性還未退出人類發展的舞台，而嶄新的社會狀況還未到來之時的「生活於間隙時期的感覺」。⓫後現代不僅具有與現代所不同的許多特徵，它的本身也充滿了矛盾。

第二節　後現代狀況及其矛盾

　　後現代狀況是從60年代初露端倪的。我們用「後現代性」這一詞來描述這種社會狀況的性質，後現代性在經濟、政治、組織形式和個人生活等方面都體現了與現代性不同的

---

❿A. Giddens, *Consequences of Modernity*, Cambridge, Polity Press, 1990.

⓫丹尼・貝爾，《後工業社會的來臨》，高銛等譯，商務印書館，1986，p.47。

特徵。

從哲學層面看，由於電子通訊技術的急劇發展和訊息流通的加快，使人們的生活方式發生了很大的改變，從而動搖了舊肓的意識形態的確定性。由於科學助長了人類對自然的控制，引起人類生存環境的惡化，科學的權威地位也遭到了質問。

從經濟層面看，後現代性表現為大工業生產的式微。後現代經濟是圍繞著小規模的商品生產、服務性行業、軟件、訊息和企業形象等組織起來的。由於科技發展使人們能立即知曉市場的供求變化，從而減少了囤積貨物的必要，公司的規模也相應縮小。企業的創利依賴於對不斷變化的市場需求的預測，經濟準則轉向靈活的積累。

從政治和組織形式看，後現代性表現為：要求靈活性，注重反饋，集權式決策消解，決策結構趨於平面化，專業性的程度減輕，規則和界限的彈性增大。如果將現代性的組織結構比喻為一個一格格井然有序的文件櫃的話，後現代的組織結構可以喻為瞬息萬變的萬花筒。針對連續不斷、層出不窮的問題，後現代的政府和組織結構必須隨時作出反應，這些反應所組成的流動網絡又影響著政府和組織結構的職能。

從個人層面看，後現代社會使個人能受到更多的教育，更易獲得更多的訊息，更為「見多識廣」，生活的可能性增多，但是，由於訊息瞬息萬變，缺乏穩定性，而人的生活節奏加快，生活的穩定性喪失，從而導致人際關係的危機。人際關係的穩定性和連續性所賴以維持的傳統和制度不再存在

或失去了作用。

　　後現代社會的特徵是快速、濃縮、多元、複雜和不穩定。在大多數學者看來，導致這些特徵的核心原因是經濟行為、政治關係、訊息、交流和技術的全球化。而全球化的結果往往是諷刺性的、自相矛盾的。全球化可能會導致種族中心主義，分權可能導致進一步的集權，鬆散的組織結構也有可能導致全封閉的等級控制。這些悖論和矛盾使後現代性成為引人入勝的現象，亦使它難以為人理解。因此，以下將分析後現代性中充滿矛盾之處。由於後現代性的複雜性，本文只是從筆者有限的視角出發，考察對教育構成或可能構成重大影響的那些方面。這些方面是：經濟的靈活性，政治、國際關係、文化關係的全球化悖論，科學和道德的不確定性，組織形式和管理方式的流動性，無邊際的自我，高科技模擬世界，時空的濃縮。

經濟的靈活性

　　後現代秩序明顯不同於現代性秩序的最主要特徵是：生產、消費和經濟生活的靈活性。靈活性對勞動力市場、生產方式和企業的組織起著重要作用。人們用「靈活的積累」、「靈活的專業化」等詞來描述這一秩序。❶

　　為了對付現代性的經濟危機，針對市場衰竭和長期貸款，靈活的積累主要透過三種途徑實現：新的勞動技術和勞

---

❶ Andy Hargreaves, *Changing Teacher*, *Changing Times*, Cassell, 1994, p.48.

動過程，生產和消費之間的新關係，對地理空間的重新利用。

首先，在後現代經濟秩序下，出現了許多新的、靈活的工作技術和勞動過程。與現代經濟職業分工明確、大規模生產和標準化的特徵相反，後現代靈活的工作技術打破了傳統的職業分工，在工作任務的分配上有相互交叉和輪換的趨勢。在工作時間上，部分時間制的工作和臨時工作增多，人們可以自由確定上班時間，甚至可以在家裡辦公。頒發工資的方式也趨向靈活，有按工作表現付酬，有隨意付酬，有按工作績效付酬等等。

其次，靈活的積累還透過生產者和消費者之間越來越緊密的關係來實現。現代性秩序中，標準化的技術滿足著一成不變的生活方式的需要，而在後現代的經濟秩序中，生產和消費的關係是多種多樣的。比如，將鐳射技術應用於消費和交流，超級市場根據顧客提供的訊息和市場需求量進行及時的調整。供方和需方的聯繫非常迅速緊密，大大減輕了囤積貨物、清點存貨的必要，在這些方面所需的勞動也大大減少。由於消費行為能夠即刻改變生產和銷售，因此，出現了根據不同消費群各種口味來生產和銷售，根據個人的喜好量體裁衣式的生產，以及能立即根據消費者需求的變化，進行小批量的生產。透過市場管銷和廣告，又使消費慾增強和分化，促使消費口味和時尚不斷更新。

靈活的積累不僅表現在商品的供求上，知識和訊息也是產品。在高科技的幫助下，建議、諮詢、旅行、演說、文化

事件和各類景觀成了比實物生產和消費速度更快的商品,能夠帶來經濟收入。

　　知識產業的出現對職業結構和社會結構造成了巨大影響。從事體力勞動的人數急劇下降,從事服務業和腦力勞動的人數則快速增加。**⓭**

　　靈活的經濟及其對工作和職業的重新定義和分配,對未來勞動者的質量和技術提出了新的要求,對教育也提出了要求。這些要求包括:首先,勞動者必須將零件、分子、半成品、軟件符號、圖像、證券訊息、或其它訊息以獨特的方式組合起來,因而需要具備解決問題的技巧和能力。其次,必須具備幫助消費者澄清他們自己的需要,以明確如何能盡量滿足消費者的這些需要的技巧和能力。

　　對教育來說,必須培養學生的適應能力、責任感、靈活性和與他人共同工作的能力。在後現代秩序中,自主的、個人化而又能與他人一起進行有意義的學習,是至關重要的。而現代教育的課程固定、教室固定、教師固定的風格,已無法滿足這些要求。

　　在這種情況下,靈活性被視為是對個人發展有利的因素,因而被看作是改革的主要目標。但是,這種以高科技為基礎的靈活性也帶來了與靈活性相對立的結果,即,雖然人們能夠靈活地控制工作和學習的時間和進度,但他們的工作

⓭丹尼・貝爾,《後工業社會的來臨》,高銛等譯,商務印書館,1986,pp.138－186。

和學習的結果也越來越容易被計算機等設備監控了。還有，這種意義上的「靈活性」為少部分有技術的人才創造了更有意義的自主性強的工作環境，而對大多數的勞動者來說，他們的工作等級變低，臨時性工作更多，缺乏保障。

靈活性和原創性對後現代狀況下的中級和高級專業技術人員來說是必須的。但對於教育來說，也應注意到大多數勞動者的閑暇教育和終身教育；並注意培養公民品德、政治參與感和社會責任感，以便參與到後現代社會的未來中去。

靈活的經濟對教育內容和所要傳授的技巧提出了要求，也為改變教育結構和組織形式創造了機會。同時，它對學校教育的目標設置了迷瘴。

全球化的悖論

全球化始於經濟的全球化，這一點也是靈活的經濟的第三個特徵。後現代經濟不是「規模」經濟，而是「機會」經濟。在計算機等先進技術的幫助下，經濟訊息跨越了時空的限制。企業和個人沒必要因經濟效益的原因而圍於一個地方。企業的規模變小，在整個結構中的機動性增強。農業生產也不再需要大量的勞動力。國際人口的流動十分頻繁，而全世界的任何商品在地球的任何角落幾乎都可以買到。地理空間從經濟角度來看是流動的。

後現代經濟和訊息的全球化影響了民族和文化個性的保護和嬗存。生產和消費日益國際化，發達國家經濟對發展中國家起了先導作用，也不可避免地衝擊了其他國家的文化特性。

　　經濟的全球化還引起了大規模的環境問題：臭氧層的破壞、地球的溫室效應、生物品種的滅絕、水質的污染等等。在後現代的生態學看來，地方性的災變對全世界都會造成影響。

　　全球化引起的後現代性的悖論在於：全球化所帶來的複雜性和不確定性使人們更熱衷於尋求地方特色的意義和確定性。在全球化的浪潮中，全世界的設施、飲食、城市景觀都趨向一致，而各國家和民族則竭力維護自己在種族、語言和宗敎等方面的個性，希望能使之不受干擾。蘇聯的解體、南斯拉夫的解體和內戰、英國北愛爾蘭的獨立運動、世界局部戰爭的增多，都在某種程度上體現了這一點。

　　教育領域對這一問題的反應往往是：強調傳統文化、透過對課程和評價的控制來促進人們的傳統文化意識。英國1988年的全國統一課程（National Curriculum of England and Wales）就體現了這種努力。該課程強調英語、歷史等基礎課程，而訊息技術等反映當前社會需求的課程則被忽視了。在歷史課程中，尤其重視英國歷史部分。

　　全球化所引起的悖論還對知識、道德和信仰體系發生了影響，使後現代呈現出下一個特徵。

確定性的消失

　　後現代狀況中，全球化不僅引起了文化上的不確定性，它同時引起了科學知識和信仰體系的不確定性。

　　後現代社會中，經濟的日益多樣化和全球化，以及對地方特性和宗敎特性的執著，對知識和信仰系統以及相關的專

家技術系統產生了深刻的影響。以往穩定的、單一的、莊嚴的知識和信仰系統不復存在，知識和信仰是動搖不定的、變幻無常的、多元的。

　　普遍的、封閉性的信仰體系正在失去其信徒。全球環境的惡化所帶來的可能後果，使人們對科技能夠幫助我們控制我們的世界並走向進步的信仰發生了懷疑。同時，經濟的全球化和訊息透過衛星等工具的迅速傳播，柏林圍牆的拆除，前蘇聯的解體，使社會主義必將勝利的信仰遭到了懷疑。馬克思主義等關於人類命運的後設敘事和後設理論受到了非議。❶不僅如此，後設敘事的探究方式本身也遭到了強烈的批評，因為後設敘事方式總是試圖將人們的生活視為連貫的、可知的「敘事單位」，而人的生活更多的是不連續的、矛盾的、支離破碎的。

　　同時，對知識的探索使專家越來越多；專業分化日益嚴重；而專家們之間相互競爭，觀點各不相同；知識的更新也越來越快。這種情形使人們擺脫了對某種知識或迷信的依賴，亦使人們無所適從，對知識和所信賴之物的確定性崩潰了。今天是陽光浴有益於健康，明天是它於健康有害；今天是塑料砧板細菌少，明天呢，木頭砧板有自動殺菌效果……科學似乎不能再告訴我們該如何生活，至少它已經失去了確定性或穩定性。後現代社會中，懷疑無所不在，傳統喪失了

---

❶ Lyotard, *The Postmodern Condition*, Minnesota University Press, 1991.

它的道德基礎和科學的確定性遭到了懷疑。

從文化的確定性到文化的不確定性的轉換有其根本原因。首先，訊息和資料的來源已經擴展到全球範圍。其次，高科技的通訊交流技術壓縮了空間和時間，使人們能立即知道世界上發生的變化。這影響了原來的知識基礎的穩定性。第三，移民和國際旅遊現象的日益增多，擴展了各種文化和信仰間接觸和碰撞的機會。第四，快速交流和對知識的重視，使科學研究和發展之間處於緊張的互動關係之中。

單一的政治意識形態的崩潰，傳統知識基礎的可信度的消逝，科學的確定性的消失，對以傳授知識爲目的之一的教育構成深遠的影響。

組織形式和管理方式的流動性

在後現代複雜多變的情況下，現代的科層制組織形式和管理方式已經無法游刃自如。從後現代性的基本特徵來看，其組織形式和管理方式應該具有靈活性、適應性、創造性、能夠提供機會，促進合作和發展，有利於及時解決問題，有利於提高人類認識自己和環境的能力。這樣的話，積極的革新與不可預見性之間的矛盾就成了後現代管理的關鍵問題。

全球性經濟競爭和技術飛速發展，促使組織管理方式向流動和滲透的方向發展。它將來自各種方向、各種渠道的影響結合起來，對管理和組織方式進行靈活的重新安排。其組織行爲是根據一系列的活動來安排的，其中的成員、組合、所有者和目標處於不斷變化之中。在這樣的組織形式中，重要的是各個角色之間的聯繫方式，而不是在固定權力結構中

所處的位置和責任。

這種邊界不明確、角色模糊、職責經常變化的組織形式,對個人與組織的關係、個人的職業和未來設計,以及職業道德,提出了新的要求。個人生活目標和所從事的職業目標之間的聯繫紐帶不再是競爭的個人主義、物質競爭和職業穩定性及安全感。在後現代組織結構中,個人有更多的機會去注重自我實現、自我發展和自我表現。人們根據自己的興趣愛好來選擇職業,並選擇與自己喜歡的人共事;一個人會更換許多不同的工作,以尋找最適合自己的職業,人們不再一生都忠於某個職業或單位;對組織的忠誠是建立在它能鼓勵和促進個人發展的基礎上的,人們只是對自己的工作負責;有更多的人自願組織人數很少的小規模公司;由於手提電腦和無線通訊的普及,人們在家裡甚至在任何地方都可以辦公,不再有固定的上班時間,人們在一起工作只是為了人際交流;不再有固定的權利關係……一切都不再是固定的。

雖然後現代組織形式降低了等級差別,為企業間和企業中的個人創造了更好的合作環境,但它也有其缺陷。比如,這種合作機會主要由中層以上的工人享有,而更低層的工人則被排除在外;管理成員可以分小組進行合作,無法贏得其他小組的支持和理解等等。

不管其利弊如何,這種組織形式和管理的流變性,勢必對學校管理結構和教育目的,造成一些影響。

無邊際的自我

組織形式的變化有助於形成新型的自我,而人口及人的

心理變化反過來有促使組織形式的革新。後現代性不僅影響了我們在各種組織和機構中所經歷的內容，它也影響了我們進行體驗的方式。

如果說後現代性的社會危機主要是道德目標和文化個性的危機的話，那麼，其相應的精神危機則是自我和人際關係的危機。在高度現代性狀況中，自我在各種要求和命令下被壓抑了；而在後現代社會中，自我的本質卻變得無法確定，自我的精神和肉體無法達成統一。

在充斥著即時性的影像高科技世界中，原先實在的自我日益成為一系列符號的集合。隨著道德和科學的確定性的崩潰，基礎知識瓦解，唯一可知的實在是由語言、話語、影像、符號和文本組成的。甚至這些本身也是充滿歧義，允許各種讀解，允許無休止的解構。這樣，自我本身也是可疑的。它不再具有基礎、中心和深度。自我成了可變的文本，被隨意讀和誤讀，構建和解構。自我成了供一些人展示自己、而任其他人品頭論足的東西，不再是他們自己的永恆內在的實在。

自我的解體是後現代性中個人與外界界線不明的結果。在後現代社會中，傳統血緣關係和終身婚姻義務被削弱了。人們所體驗的世界變化節奏越來越快，也越來越不穩定。道德、宗教和意識形態信仰體系是多元的，並處在不斷變化之中。此外，由於瞬息萬變的媒介影像和聲音的侵襲，世界變得似乎是短暫的、表面的。在這種社會狀況下，人們的自我失去了穩定的人際關係、道德穩定性和責任感的根基。

　　這樣，在後現代世界裡，脆弱的自我成了一個反射裝置。它必須不斷有意識地重新塑造和重新肯定自己。整個專家系統和通俗文學都是這種自我反射的源泉和結果，人們據此進行自我誘導、自我調整，並將此作為支撐體系。這種對自我的定向和形成構建的形式，可能成為創造性、力量和變化的源泉，也可能成為不確定性、脆弱和逃避社會的開端。

　　這樣，後現代社會中自我的無邊際性的建設性一面是：人們對專家和權力的依賴減輕，人們能夠自己掌握自己的命運，作出更多有意義的決定。其不利的一面是：它容易導致自我陶醉和自我中心傾向。強調個人，忽視社會和政治。人們認為沒有什麼做不成的事。而由於它拒絕界定自我的交往情境，不能認清機會和侷限，自我陶醉和無邊際的特質使個人的力量不僅未能得到加強，反而削弱了。

高科技模擬世界

　　後現代世界的另一個顯著特徵是：充斥著高科技生產出來的各種影像──電視、錄影、計算機模擬、傳真、虛擬現實等等。事情的呈現方式遠比事情本身重要。

　　年輕的一代生活在各種影像之中。書本、工作日程表和學校生活對他們的影響不敵各種多彩多姿的視聽媒介對他們的影響。課程和教學對學生們的吸引力不再像從前那麼大了。教育必須與充滿了各種影像的外部世界競爭，以贏得學生的注意力。同時，還需要引進先進技術、實行教學改革。

　　同時，這種即時直觀文化景觀及其膚淺性有可能會代替甚至抹殺必要的道德理論和道德思考，這是很危險的。語

言、爭辯和批判性分析是反思性道德文化的基礎，是教育所不可省略的內容。在注重後現代高科技對教育的影響的同時，我們不能無視它對文化批評、道德判斷和研究反思的負面作用。

影像的繁榮使人們的生活體驗更激動人心，參與性和娛樂性更強了；但對產生嚴肅持久的道德話語、深思熟慮的價值判斷卻起了阻礙作用。美學高於倫理學；「事情看上去如何」比「事情本身」重要。影像的泛濫創造了壯麗的奇觀，但也引起了道德和政治的膚淺；美學更富於吸引力，但倫理卻走向虛無。各種影像透過各種方式偽裝和歪曲著與影像並不相匹配的實在。但是，在高科技所產生的影像無所不在的後現代社會中，影像和實在的關係遠比這複雜。布希亞（Baudrillard）討論了其複雜性。即，影像是基本實在的反映；它掩飾和歪曲了基本實在；它掩飾了基本實在的缺席（absent）；它是其自身的純粹模擬。❶他認為，影像不再存在於事物的表現方式中，而是存在於模擬之中。❶高科技合成影像還促使博物館、水族館等場所去模擬眞實的世界。而那些模擬的世界似乎比眞實世界更眞實。後現代世界的模擬還不只這些，它還透過其描繪對象和描繪方式，傳遞關於歷史、自然和人際關係的道德訊息，這些訊息充滿了暗示和誘導而不明確，不會引起爭論。這不僅體現在後現代博物館

---

❶Baudrillard, J., *Simulations*, op.cit. note 90, p.11.
❶Ibid, p.12.

和水族館的自然模擬中，也體現在後現代生活的文化模擬
中。

模擬究竟是什麼意思呢？布希亞指出：「掩飾是假裝沒
有自己有的東西，而模擬則是假裝擁有自己所沒有的東
西。」，「模擬混淆了『真』和『假』，『真正的』和『想
像的』之間的區別。」模擬深深影響著我們對實在的感覺和
建構。

在後現代動物園和水族館中，食人的動物都是溫順的。
人們可以觀察到牠們「真正的」生活而又不會遭遇在真實自
然界中接觸這些動物所面臨的危險。而在後現代的文化中，
模擬使任何暴力、犯罪、英雄等都達到了極致，使人們的感
觀體驗也達到了極致，而這一切對體驗者來說，仍然是安全
的。

時空的濃縮

現代化進程使旅行和通訊得到了很大發展，從而縮短了
距離，節約了時間。鐵路、機動車、飛機、電話，使人們的
生活空間擴大，辦事效率提高。相對於人來說，時空是濃縮
了。

到後現代社會，技術的飛速發展使通訊同步，地區差別
不再發生影響，時間成了最珍貴的商品。傳真機、無線電
話、手提電腦、國際電腦聯網使人們隨時都能了解到最近的
訊息，並作出相應的回饋。

時間和空間的濃縮帶來了真正的好處。它增加了流通
量，使旅行和通訊更快捷，決策更迅速，服務更週到，並減

少了等待的時間。但是，後現代的時空濃縮所帶來的好處也是有代價的。它影響了各種組織的運行，影響了我們的生活和工作的質量，影響了道德基礎和我們的行為方向。從這些角度看，時空的濃縮會引起以下幾個問題：

1. 對反饋速度要求過快，以至於倉促決策，導致錯誤、無效和膚淺，使組織機構一片混亂。
2. 會使革新增多，步伐加快，縮短實施時間，使人們感到負擔太重，無法達到預期目標。
3. 會使人注重表面的美，而忽視質量和內容。
4. 會使知識的生產、傳播和更新的速度越來越快，從而加劇不確定性。
5. 會剝奪人們反思和心理放鬆的機會，使人不明確自己的人生目標。
6. 會使人們注重新技術，追趕新潮流，而忽視對別人的關心和與別人的關係等複雜的、看不見的、難以度量的問題。

時空的濃縮是後現代狀況的其他幾個特徵的原因和結果；它也是一些後現代主義者反思線性時間觀的基礎。

後現代性的幾個特徵表明，與現代性有本質差別的後現代性已經滲透到社會生活的各方面，而這些方面與教育息息相關。後現代性已經對教育產生了影響，並將進一步促使教育發生變革。

第三節　現代性、後現代性與教育

　　現代性向後現代性的轉變並不是一項已經完成的工程。從以上兩節的分析可以看出，後現代性是現代性高度發展的結果，或現代性矛盾激化而引起的社會變革，但是，現代性並未消失，當今世界呈現著以現代性為主導，後現代性以後來者之勢向社會各方面滲透的局面。現代性和後現代性之間在經濟和組織形式等方面是不相容的，它們之間存在著激烈的衝突。作為現代性工程的實施者，現代教育體制對後現代性的壓力也作出了一定的反應。

　　現代教育體制始於工業革命，大工業對勞動力素質的要求，使下層勞動者也享有了受教育的機會，教育不再是貴族階級的特權。現代性的進程使教育體制發展成為目前這樣龐大的全民教育機構。現代教育為人們提供了擺脫蒙昧的機會，開闊了人們的視野和生活可能性，同時為現代經濟的發展源源不斷地輸送著各類勞動力。隨著現代性的發展，現代教育的規模也越來越大，普及程度越來越高，專業分化越來越細……。但這些並不能消除現代教育體制中的固有弊端，相反地，隨著現代性矛盾的日益激化，現代教育的問題也日益突出。

　　由於現代性在經濟上講求效率，因此，為培養相應的人才，現代教育就實行分軌制來滿足社會需要；隨著現代工業的門類日益增多，學校的專業分化現象也日益嚴重；而為了

對教師、學校管理人員和學生實行控制，又推行標準化考試等方法；使現代教育體制在提出了「人的全面的、自由的發展」的口號的同時，越來越不能滿足人的自由發展需要。從現代教育伊始即已存在的個人本位（盧梭、夸美紐斯等提倡）和社會本位（赫爾巴特、洛克等提倡）的矛盾，越來越無法在現代性的框架中解決，而形式教育和實質教育、學問中心和學生中心的矛盾，也成爲教育研究者們所爭論不休的話題。

現代學校教育體制以類似於大工業生產的全民教育體制來滿足現代工業發展的需要。它把兒童分批送入學校，把他們編入各個班級，爲他們開設統一的課程，採用灌輸式和啓發式等敎學法讓他們獲得社會期望他們獲得的知識，並用統一考試等手段來考查他們的掌握情況。整個程序與工業產品的生產過程如出一轍。全民教育首先在初等教育階段展開，爲工業生產培養了必要的勞動力。當時，中等教育所培養的是管理人員和專業技術人員。隨著工業技術的更新發展，初等教育程度無法勝任初級工作，中等教育又開始逐步普及。一方面，全民教育在民衆的爭取下，成爲大多數文明國家的公民權利，它使人們獲得受教育和社會流動的機會。另一方面，它又成爲社會培養零件，爲現代性工程服務，維持著社會秩序和社會控制，並成爲政府的意識形態的工具。

現代教育體制是現代性工程的重要組成部分，現代性的弊端，如：機構龐大、管理僵化、權力控制、輕視個人價值等等，在教育體制中多有體現。在現代性問題疊出、後現代

性日益蓬發之際，對教育造成了巨大的壓力，迫使教育實行變革。教育所作的反應主要有以下兩種：

㈠竭力維持正在崩潰的現代性大廈，強調傳統的學校教育科目，堅持分軌和分科分系，堅持教學步驟的標準化、課程的統一化，堅持推廣統一考試等等。這些現在在中等教育中表現尤為突出，而整個教育體系中則以考試體系和課程設置兩個問題上較為嚴重。在後現代對複雜性、靈活性、多樣化、權力擴散的要求下，這些做法顯然不是長久之計。

㈡採取變革，增加靈活性。這種方法多為小型的初等教育機構所倡導。這些學校大多以進步主義或浪漫主義為旗號，試圖在教師之間、教師與家長之間形成緊密合作，對教育目的達成較為一致的意見，並試圖滿足學生個人的興趣和發展需要。這種方法有利於提高師生的積極性和責任感，調和學生與地方以及國家的需求。但是，從策略上看，它過於天真，無法應付不同的價值觀之間的衝突，它只是小範圍內的教育實踐，無法動搖整個體制。小規模團體合作還有可能導向模式化和家長制。這種小規模合作模式正是現代科層制所試圖消滅的前現代方式，而歷史是難以倒流的。

既然以上兩種方式都不能應付後現代社會的複雜變化，我們就應該尋求其他的解決方式。後現代性對教育提出了很多問題，諸如：

- 經濟的靈活性使一成不變的教育體制無法滿足它對人的能力素質的要求，卻也為靈活地培養人創造了條件；

- 全球化使教育方法傳播得更快，但由於人對世界上的東西了解太快，使選擇教育內容和引導學生的任務變得更為艱鉅；它所導致的注重地方特性的悖論又會加劇課程的地方保守性，從而阻礙教育民主。並且，與全球化同步的地球生態環境的嚴重惡化使人們不得不將該問題納入教育日程中去；
- 科學和知識的確定性的消失顛覆了學校教育的知識基礎，道德確定性的崩潰使學校教育無法對學生實施令人信服的道德教育；
- 靈活的組織形式，對僵化的學校教育管理提出了質問；
- 無邊際的自我增加了選擇教材教法的難度和教師職業的難度，並對教育目的和方法提出了要求；
- 高科技模擬世界為學校提供了更多的素材，但也增加了學校教育的難度；
- 時空的濃縮使學校教育的變革步伐加快，變革的任務加重，教師的工作量增加……

如上所述，後現代性對教育的影響正在展開，而後現代性與現代性的衝突並未結束。後現代教育是一個極其複雜的問題，它牽涉到教育的各個方面，需要認真的思考和長期的探索。

在後現代社會狀況即將來臨和來臨之時，眾多的哲學家、教育家、文藝評論家、藝術家對現代主義的弊端及後現代狀況的要求進行了深刻的分析和探討，並形成了風行一時

的後現代主義思潮。後現代主義是後現代性的一個組成部分，它是後現代性在理論和文化上的表現，是後現代社會狀況的組成部分和結果，從美學、文化、藝術和哲學等角度反映了後現代性。我們有必要分析和了解後現代主義者們對現代教育的反思，以便在他們的觀點的基礎上，對教育作進一步的展望。

第二章　後現代主義對現代教育的反思

後現代主義的代表人物們在教育方面上的論述參差不齊，有的進行了直接的論述，有的則間接地對教育觀發生影響。根據他們的立場和理論側重點，不同的後現代主義者所涉及的教育問題或與教育相關的問題也各有千秋，但他們都觸及了教育觀的基礎。我們將根據不同的後現代主義派別及其代表人物所討論的問題領域，來透視後現代主義的教育觀。這些問題主要包括現代主義的教育目的、教育的認識論基礎、教育制度。在這些問題上，我們主要考察後現代主義對現代教育的反思，即它們對現代教育中的各種顯性和隱性的根本性弊端的剖析和揭露。

第一節　後現代主義對現代教育目的觀的質疑

教育是與人類發展同時起步的活動，是人區別於動物的基本活動之一。人類任何階段和世界任何地區的教育都不可能是沒有目的的，不管這些目的是顯性的還是隱性的。教育的初始目的，是爲了幫助兒童成長，使他們順利進入成人社會。這就關係到人應該是怎麼樣的問題。現代教育目的的出現是和啓蒙運動聯繫在一起的。啓蒙運動認爲，理想的人應

該是擺脫了宗教迷信，具有理性的和自主性的人，「應該是自身命運的唯一主人以及他的世界的主宰」，❶這種人也應該是能為整個人類朝更科學、更有效地利用自然，從而改善人類狀況這樣的事業服務的。同時，遵循啟蒙運動思想的現代化進程，對大批受過教育的勞動者的需求，又趨使教育制度走向規模化，即，大量地培養兒童，使他們為現代性的需要和夢想服務。這樣，現代教育的目的既要求培養兒童的職業能力，又試圖達到人類解放的宏偉目標，培養完人（whole person）。而達成這些目的的基礎，首先是培養能用理性來控制自己，具有充分的自主性的主體。後現代主義對這些目標進行了質疑，並提供了另一種構建教育目的的思路。

後現代主義對現代主義教育培養完人的目的觀的質疑

啟蒙運動使人擺脫了神的統治，把人的價值、地位、能力、尊嚴放在了第一位，強調人的自由和解放的可能性，使人成為「大寫的人」。從現代教育思想的先驅夸美紐斯開始，這種思想就有了萌芽，而啟蒙運動過程中和運動後出現的教育哲學，都或多或少體現了這種傾向。但啟蒙運動開始後，西方教育哲學中出現了一個長期未得到解決的爭端，即教育目的的社會本位和個人本位的關係問題。這一爭端的起源，可追溯到洛克（1632－1704）的教育哲學和盧梭（1712－1778）的教育哲學之間的分野。

---

❶蒂洛·夏伯特＜現代性與歷史＞，載《第歐根尼》，1985年第一期，p.3。

　　洛克的教育哲學基於經驗論，強調教育對人的發展的作用，強調能夠透過教育把人培養成為社會服務的人，其教育目的，對上層階級來說，是培養「紳士」，即「具有事業家的知識、合乎他地位的舉止，同時要能按照自己的身分，使自己成為國內著名的和有益國家的人物」❷，而對下層勞動人民來說，則是對他們進行一定的職業訓練，使他們勝任工業生產。他的教育目的是為資本主義制度的發展培養有用的人，是以社會為本位的。

　　盧梭的教育哲學基於感覺論，他的教育目的是培養「自然人」，即脫離社會獨立生活的人，但這只是在社會不合理的情況下才這樣做的。他的理論整體來看，他所謂的自然並不是真正的魯濱遜，而是「知道如何做人，在任何情況下都能堅持做人的本分的人」，這種人能夠「為一個自由、平等的社會而奮鬥；在一個合理的國家中，他將成為一個公民，具有公民應該具有的品質」❸。在他的教育目的論中，個人是第一位的，社會只是為人們提供更自在地生活的環境，最終還是為了每個個體。

　　雖然洛克和盧梭的教育目的的側重點有所不同，但他們都設想人可以達到一種用理性來控制自己的理想狀態（完人態），顯示了對人改造自然和自身境遇的樂觀態度。這種態

---

❷洛克：《教育漫話》，人民教育出版社，1963年，p.78，轉引自戴本博《外國教育史》（中）p.74。

❸同上，p.138。

度,正是啓蒙運動的精髓,也是西方現代教育發展的方向。在隨後的西方教育理論和實踐中,儘管一直存在這兩條路線的衝突和鬥爭,例如赫爾巴特、斯賓塞傾向於洛克,而裴斯泰洛齊、杜威則傾向於盧梭;學問中心傾向於社會本位,兒童中心傾向於個人本位;但對培養「完人」的理想都沒有發生過變動,當然各人各流派對「完人」的看法並不相同。在以後的發展中,更多的流派注重社會本位和個人本位,形式教育和實質教育的結合,但對完人目標的設定則未改變。

斯坦迪許(P. Standish)將現代主義的完人教育類型歸納爲以下幾種:❹

1. 教育兒童,是他們掌握通行的知識形式和理解事物的方式。其教育目的是培養有教養的人。
2. 使學生成爲有理性的自我約束者,成爲自己的生活的自主的設計者,從而完成和諧統一的完人教育。
3. 透過使學生掌握一系列的技能來培養完人。這種觀點爲一些課程設計者所偏愛。
4. 使學生的本質的自我得以展現,從而成爲完人。這種培養完人的過程是藉由發現或自然生長過程來實現的。
5. 透過使學生完成自我實現來進行完人教育,即使學生學習了解各類經驗,接受各類諮詢,從而發揮學生的

---

❹ P. Standish, "Postmodernism and the education of the whole person", *Journal of Philosophy of Education*, 1995, 1, p.122.

潛力，達到自我實現。

從以上的總結可以看出，他認為要素主義、實用主義、結構主義、人本主義、心理主義等現代主義思想都具有實現完人教育的教育目的，雖然它們對完人的理解和對如何達成完人教育的途徑的意見不同。

更近地看，由於人類現今生活的時代，如第一章所指出的，是一個瞬息萬變的時代，人們面臨著各種各樣的誘惑和挑戰，人們的興趣愛好、生活方向的差異日益增大，在生活變得日益方便和豐富的同時，也面臨著無暇發展自己各方面的潛質和能力的問題。在這樣的背景下，那些反對功利主義的人就更注重完人教育，更寄希望於透過教育來彌補這些缺陷了。

「個人和社會教育是非常重要的……過去，這種重要性表現在學校的教育目標上，這些目標包括：塑造學生的人格，培養公民的責任感，培養完人。而現在，情況又有了新的發展，地方當局和學校開始更為注重研究這些目標的制訂和實現問題了」。[5]

「當教育家們陳述『教育是有關完人的教育』這句話時，他們是在闡明一項真理；因為教育不應該是狹隘的專業化，不應該是純粹的功利主義」。[6]

---

[5] P. White, *Personal and Social Education*: *Philosophical Perspectives*, The Bedford Way Series, 1989.

[6] R. S. Peters, "Aims of Education —— A Conceptual Inquiry", p. 19, in *The Philosophy of Education*, Oxford University Press, 1973.

　　斯坦迪許認爲，以上觀點是經不起推敲的。現代教育中完人教育的體現，是開設有關人格教育、社會教育和人生指導課程，將它們作爲補充課程來使學生獲得均衡的發展。提倡完人教育者把教育看作是餵食一樣簡單，把功利主義課程（爲社會再生產和勞動力再生產服務的課程）當作是主食，人格教育、社會教育課程當作是維生素。而事實上，教育並非這樣簡單。

　　雖然強調完人的教育與純功利主義教育或生計教育相比，從某種角度看，似乎是更爲健康全面的教育，並且，它似乎是不容置疑的。但是，「完整性」和「全面性」的提法本身卻是值得懷疑的。因爲完人教育具有一種培養「完善」的人的傾向，而這裡「完善」並非僅僅是一種觀念，它是一種能夠達成某種結果的過程。可以說，這種過程是可以完成的，而完成的可能性對這種過程來說是很重要的因素。

　　從完人教育的角度來看教育會導致這樣的傾向，即：對於每一種活動來說都存在著正確的程序或方法，這樣，我們的生活就會被一種規範化的過程所侵蝕。在教育中，這種過程的實施是一開始就用「正確的」方式來指導和規範學生。這種方式，是理性化進程的一種延伸。它將一種對生活進行整體化的要求強加到我們身上，雖然這些要求是以「自主性」、「和諧」等動人的字句出現的。

　　斯坦迪許從學校教育出發，剖析了完人教育觀念的恰當性問題。

　　在現代學校教育中，有關教育目的的爭論最後總是落到

應該如何爲培養完善的人提供適合的教育的問題上來。這就假設了對教育的一種普遍化的看法，這種看法一旦付諸實踐，就會成爲一種宏大的設計，而以上所總結的五種理論中都或多或少體現了這種傾向。在教育實踐中，推行完人教育目的的運動很多，比如，60年代至70年代在歐洲盛行的中等教育教育綜合化運動。這一運動不僅試圖爲所有適齡兒童提供學校教育，而且還試圖爲他們提供全面的綜合教育。綜合化運動中與完人教育目的密切相關的顯性目的是透過教育來實現教育機會均等。然而實際上，學校教育還有其他目的，如保存傳統與文化，促進學科的進步和文化的發展，實現勞動力的再生產等等，個人的全面發展對這些目的來說意義不大，甚至對它們的實現有阻礙作用。而這些目的是教育的基本目的，是不可避免的。況且，教育的平等化運動還預設了完善的人的觀念，對學生各方面的發展需要進行了界定和分類，這種分類本身就是可疑的。

斯坦迪許認爲，完人的觀念是一個典型的現代主義觀念，所謂現代主義的觀念具有三個特徵，第一，它是一種宏大的、系統化的設計，需要有條不紊的參與。這意味著對世界採取一種高姿態的解釋方式。第二，在對人類與世界的關係問題上，將人類看作是獨立的建築師、獨立的認識主體和自我超越的文化群體，放在世界的中心。第三，現代主義觀念相信人類解放的可能性。而完人教育目的就體現了這些觀念。

他提出，培養完人的教育目的是現代教育組織和課程決

策的最重要的基本原理。這一目的所針對的是「學生應該是什麼樣的」問題，而以上所列舉的五種教育類型就是對這一問題的不同回應。但後現代主義則認為，任何宏大設計及其必要性都是值得懷疑的。在現代性與後現代性相對抗的過程中，人們日益意識到現代主義的理性化可能帶來的危險後果；並且，現代性對人類經驗的巨大影響也與人的全面發展的觀念背道而馳。❼從理論的角度看，後現代主義從後現代性狀況出發，提出道德與科學的不確定性，從而認為那種尋找阿基米德式的基點的後設敘事或宏大設計都是站不住腳的。啟蒙運動把人推上了原先神所在的位置，而實際上，「人們從現代的訊息中獲得啟示：現代人並未獲得神聖的品質，他已經失去了人性；現代人未能創造『第二個』完美的天性，他不斷地經受著在地球上消失的危險」。❽而那些宏大的後設敘事不僅沒有使人類到達它們所允諾的光輝圖景，反而使現代人成了「無家可歸的心靈」。

　　作為現代性宏大設計和後設敘事的一種類型，培養完人的教育目的觀不僅是難以實現的，而且是危險的。首先，完人教育目的假設人可能達到一種完美的狀況，這種狀況是能夠在教育過程中實現的，教育過程一結束，這一目的就達成了；這樣，教育就成了封閉的過程，而受過教育的人則會理

---

❼D. Halpin, " Curriculum renewal in a postmodern world ", from P. Standish, *Postmodernism and the Education of the Whole Person*.

❽蒂洛·夏伯特＜現代性與歷史＞，載《第歐根尼》，1985年第一期，p.3。

所當然地認爲自己已經是一個穩固的個體，從而無法接受其他人的觀念和行爲；其次，完人教育的假設認爲人都是可以在各方面達到均衡發展的，人的理想狀況具有一致性。事實上，每個人都是不同的，並且每個人都會有很多缺點。強調培養完人會導致兩種不良傾向：一是在與人交往的過程和教育中，會虛僞地盡量扮演完美的角色；二是用完人的標準來要求自己和別人，使人一直處在內心鬥爭和痛苦、無法與別人眞正地溝通和交流的狀態之中，這也是孤獨感、無所適從、同性戀、行爲反常和頻繁自殺等現代社會病的原因之一。

　　總之，在後現代主義者看來，現代教育培養完人的目的觀不僅有悖於人的本性，而且還有悖於教育的本質。因爲，人，應該是豐富多樣，並且是有缺點錯誤的；而作爲幫助人成長的教育，應該是開放的、沒有固定的模式的。

後現代主義對主體性問題的重新思考

　　後現代主義哲學家大都認爲，以作爲主體的人取代神的地位、以主體性取代神性是「現代」哲學最重要的特徵。❾不管這些特徵曾起過多麼重要的作用，要超越「現代」必須超越主體性。因此，各種不同的後現代主義話語對現代主義（主要是人本主義）的主體性觀念提出了大量的批評。

　　吉魯❿指出，現代主義的主體性觀念認爲，主體性必須

---

❾劉放桐，＜後現代主義與西方哲學的現當代走向＞，載《國外社會科學》1996，3，p.6。

是或者能夠成為統一的、理性的、具有自主意識和自主性的個體。此一觀點認為,個人的主體性是自我知識的來源,個體對世界的看法是透過自主地理性地去認知和理解來達成的。後現代主義反對這種現代主義的主體觀,認為「它是一種自主的、統一化的感覺,漠視任何特殊性和道德內容。」

他認同威登(C. Weeden)對後現代主義主體觀的陳述:

「語言是社會組織的真實的和可能的形式及其可能產生的社會和政治結果得以確定和進行鬥爭的場所。它也是組成我們自我感覺和主觀性的場所。對主觀性形成過程的假設表明,它不是先天的,不是由基因決定的,而是在社會中產生的。主觀性是在整個離散的實踐領域——經濟、社會和政治這些存在著不斷權力鬥爭的實踐的場所產生出來的。語言並不單單是獨立的個體的表現;它以社會性的方式組合到人的主體性中……主體性不可能是統一的或固定的。後現代主義不像人本主義那樣認為存在著有意識的、認知的理性的主體,它認為主體性不是統一的,它是衝突的場所,在政治變革和維持現狀方面起著中心作用」。⓫

吉魯所認同的後現代主體觀認為,主體性不再是在統一整體的自我中構築的,而是複合的、多層面的和多元的。

⓾S. Aronowitz & H. Giroux, *Postmodern Education*, pp. 75-76.
⓫C. Weeden, *Feminist Practice and Poststructralist Theory*,(London: Blackwell, 1987), p. 21.

「自我」被看作是存在，是「在差異中透過差異建立起來的，並充滿了矛盾」。自我不再是意識和創造性的儲藏室；而是衝突和鬥爭的場所。主體性並不是能夠輕易地朝教育目標所設定的方向發展的，它處在被壓制、反抗和釋然的過程中。就主體性的本質而言，它決定自我和社會的能力，不能透過一種先驗性的圖景或形而上學的思想來決定。主體性與個性、意向和慾望密切相關，與社會力量和文化也密不可分。「我們的主體性之構成表明，雖然我們相信我們是作為『自主』的主體在控制意義，而事實上，是意義在很大程度上在『限制』和『決定』我們」。⓬

阿舍爾和愛德華（R. Usher & R. Edwards）認為，現代教育目的觀建立在這樣一種確定的主體觀的基礎上，即主體具有自我指導、自我控制的潛力，這種主體是能夠自如地行使個人的能動性的理性主體。教育的任務就是幫助學生實現這種潛力，使學生成為具有徹底的自主性，能夠控制自我和意願的主體。這樣，現代主義就成了塑造學生的主體性和個性的關鍵因素，其目的就是使學生成為某種特定類型的主體。⓭

而後現代是弘揚和允許多元化和差異的，它「將主體性放在一個矛盾紛雜、極不固定的位置上」。後現代主義所強

⓬ R. Usher & R. Edwards, *Postmodernism and Education*, （London：Routledge, 1994）, p.17.

⓭ Ibid, p.18－22.

調的是話語和能指系統在主體中的印記,在這裡主體是被語言、社會因素和潛意識所「解中心化」的,具有內在性的「自然」主體不復存在。這樣,後現代主義就解構了現代教育的目的觀基礎。後現代主義批評「刺中了西方文化中最珍貴的觀念,特別是教育目的中的個人自主性觀念」。❶

不僅如此,激進的後現代主義者,如德希達和傅柯等人還試圖消解主體,德希達透過否定主體在語言中的直接在場作用來消解主體,而傅柯則更是提出了「人之死」的觀念來消解主體,當然,這種消解對教育本身來說是相當不利的,這一點,我們將在後現代教育目的觀中討論。

後現代教育目的觀

不同的後現代主義者在對現代主義的教育目的觀提出質疑的同時,也重新估量了教育目的。

斯坦迪許認為,對現代主義完人教育目的進行後現代式的批評可以使我們發現,拒絕一種宏大的設計至少可以使我們避免受到統一化的侵害。這種拒絕並不會使我們的教育陷入無能為力的狀況,相反,這給教育提供了更廣闊的視野。他用後現代建築發展的歷程來隱喻教育在拋棄了完人教育目的後的前景。

在現代社會中,曾經一度風行現代主義的以統一、經濟、簡潔為特徵的「國際式」建築,隨著後現代主義的興

---

❶Lovlie, "Posmodernism and Subjectivity", op. cit, *Postmodernism and Education*, p.25.

起，被建築師們所超越。後現代建築注重建築的隨意性、遊
戲化，甚至是不完整性，注重建築的「文脈」和隱喻色彩。
在後現代城市中，已經充斥了各種各樣的式樣奇特、或反諷
地借用古典傳統、或看上去矛盾重重的建築，它們良好地發
揮著建築的功能。但是，這些建築是不能用「對」的或「合
理」的標準來衡量的，並且也是不可仿製的。它們的獨特性
和存在表明，一大批建築師的才能得到了充分的發展和表
現。同時，你會感到，在這些建築中，有吸引每個人的東西
在，這就是「差異」。現代主義理性地、系統地分配資源的
努力並不是太成功，因爲對哪些目標應列爲首選目標的爭論
是不可能解決的，而究其深層原因，則是事實上沒有一種標
準能讓所有人都認同。並且，人們置身於千變萬化的環境
中，會有一種愉悅感。而世界的本質，在後現代主義者看
來，是以無序爲主導的。只有在差異中，承認差異，才是與
世界和人類的天性相符的。

　　同樣，對教育目標來說，後現代主義可以使我們對學校
教育的目標採較寬泛的態度，但這種態度並不會使我們無所
適從。正如建築一樣，學校可以是各種各樣的，可以綜合，
也可以分科，可以開辦以一門或兩門學科或活動爲主的特色
學校，可以遵循各種不同的傳統。學校教育的目的，不是由
一種宏大的設計（如政府的決策或某一種教育觀）決定的，
而是透過全校教師的熱情參與和考慮到衆多的具體因素來決
定的，其中，偶然因素也起著重要作用。教育仍可注重學生
各方面的發展，但並不強求每個受教育者都得到「全面發

展」。教育目標也可以是培養「片面發展」的人,即符合學生自己的特質和他生活中的特殊性的人。

從後現代主義對完人教育的批評中我們可以看出,它所反對的主要針對「完人」概念對人之發展的限制,以及完人教育目的中所隱含的權威話語。後現代教育目的並不完全摒棄現代教育目的的各種類型,而是認為,如果某些現代教育目的的類型仍然是符合某些人的需要,而這些教育目的又不標榜以培養完人為己任的話,那麼,這些教育目的仍然是可以存在的,不過,這些類型只能作為眾多教育目的的類型中的一小部分而存在。

在反思現代主義目的中的主體性問題上,激進的後現代主義儘管提出了人的消亡的概念,❶但它並不是徹底否定人的存在及其意義,而只是要求取消作為與客體相對立的人的存在,即擺脫主客心物等依存關係,擺脫對外在世界和普遍理性的依賴。在教育中,提倡發展學生的情感、體驗和想像,提倡正確地培植學生的「渴望」。❶由於「正常的」人的模式受到了消解(吉利根經研究提出,所謂正常的、健康的人的概念是一種男性社會的心理話語標準),教育目的應在試驗性的學習過程中,針對學生的不同情況做不斷的調整。

---

❶傅柯在《事物秩序》(New York, Pantheon, 1970, p.386)中提出「隨著語言的存在越來越明亮地照耀我們的地平線,人類便逐漸地消亡。」

　　但也有批評家❶在討論現代主義主體性問題之後提出，激進後現代主義主體消亡的觀念不僅是不成熟的，在意識形態上也是可疑的。因爲激進後現代主義所注重的消解，有助於保守主義者固守其陣地；而提倡主體性的消亡則是「透過提倡相異的主體性觀念，放棄了向有關主體的意識形態挑戰的機會。」從而使那些在權力中心之外的個體和集體更難爲自己爭得一席之地了。他們認爲，將主體理解爲不斷構建的主體和非中心化的主體更有積極意義。這種理解，使人們將教育目的放在建設允許多元的、特殊性的和相異的生活方式的方向上，有助於建立更寬鬆、自然的人際關係、人與社會及自然的關係。

　　在這種前提下，各種後現代主義者提出了注重他者和邊緣性話語的教育目的（吉魯、羅逖等），培養「崇高感」的教育目的（李歐塔），培養批評精神的教育目的（後現代批判教育理論）及培養對世界的關愛感的教育目的（諾丁斯的後現代女性主義、建設性後現代主義）等等，這些教育目的是否眞正地脫開了現代主義，是否眞正可取可行，則有待繼續研究談論。

---

❶*Postmodernism and Education*, pp. 186－207.

❶見 S. Aronowitz & H. Giroux, *Postmodern Education*，第三章。

第二節　後現代主義對現代教育認識論基礎的顛覆

　　現代教育的主要任務之一，是傳授既定的知識。雖然從人類開始創造出書面形式的知識開始，傳授知識就成了教育的一項基本任務，但是，系統地、按學生年齡分步驟地向學生傳授學科知識的狀況，卻是隨著現代教育的發展而發展起來的。❸現代教育從某種層面上說，是以認識論（即知識論）爲基礎的。要素主義、百科全書主義、實用主義、綜合技術主義等幾種世界主要的現代課程理論，都表明了對「什麼知識最有價值」這個問題的觀念，它們都是基於一定的認識論基礎來設想教育的對象和任務，其共同特徵在於，首先都認爲在所有的知識中，有一些知識比另一些知識更有價值，更有必要教給其教育對象；其次，都將知識看作是一種客體，並且是一種比較「正確」的、權威的、有規律可循的、比較固定的、甚至是絕對客觀的「中立的」認識對象；最後，這些理論都不否認科學知識的重要地位，並且都注重循序漸進地傳授科學知識，儘管對其傳授的方式、方法和過程，及其重要性的大小問題上存有分歧；而各種後現代主義即是從不同角度對這樣的認識論基礎進行了徹底的顛覆。

李歐塔與後現代狀況

　　後現代主義者考察了後現代知識狀況，對現代主義的認

---

❸鍾啟泉，《現代課程論》，上海教育出版社，1989，pp.4－19。

識論進行「解合法化」。李歐塔在《後現代狀況：關於知識的報告》一書中，透過論述計算機對當代知識形態及其性質的強力滲透和影響，分析了現代主義「後設敘述」（metanarratives）式話語和認識論所面臨的危機和危機產生的必然原因。他指出，計算機的普及和其他尖端科技方面的變革衝擊著知識領域，使知識的兩大功能——知識研究考察功能和傳播既定知識功能都受到了影響。對知識的研究考察而言，所有的知識必須轉化為計算機語言，供其操作和運用，在此基礎上逐引發新的研究方向。流通成為後現代社會中知識的必要存在方式，並且，原先的「知識的本質不改變，就無法生存下去」[19]。就知識的傳播而言，任何人都可以從任何角度來取捨所需要的知識，並且由於人們了解知識的渠道變得越來越便捷，人們所獲得的訊息量日益增多，那種具有唯一「真理」色彩的理論就失去了為大多數人所信服的土壤。並且由於知識狀況的改變和現代主義認識論土壤的喪失，「那種靠心智訓練或個人訓練來獲得知識的舊式教育，已經時過境遷，而且日趨衰竭」[20]。另一方面，伴隨著知識的訊息化，知識進入交流，被出售和消費，從而使知識商品化。知識被當成是生產力的構成，並成為政治關係和權力鬥爭的籌碼。這樣，「知識不再以知識本身為最高目的；

---

[19] Lyotard, *Postmodern Condition： A Report on Knowledge*, （Minepolis：Minnesota University Press, 1984）, p.35.

[20] Ibid, p.35.

失去了其『傳統價值』」。**㉑**

在這樣的背景下，知識的合法化就不再是一種理所當然的狀況，而變成了一個「問題」，李歐塔用語言學（pragmatics）方法，分析了敘事知識和科學知識的本質，指出，敘事性話語的功能，就是「確定人們應該說什麼，做什麼。」而敘事知識合法與否，取決於參照體系，即敘事知識所在的社會契約的狀況和由知識組成的權力關係網絡，敘事性知識並沒有優先自我實現其自身合法化的特權。同樣，從科學知識的語用學來看，科學知識在啓蒙時代所取得的合法化及其崇高地位，是透過現代主義的後設敘事方式而得以實現。而如果從知識發展的歷史來看，科學知識本身並不比敘事知識優越，它只不過是敘事知識中的一種而已。與敘事知識相比，科學知識有其獨特的語言遊戲規則，但這並不意味著科學知識的崇高地位是天然的，科學知識和敘事知識之間的不平等，只不過是知識領域中遊戲規則不同而造成的結果，是由對合法化的需要所決定的。科學只能玩自己的遊戲，它「無法像思辯性語言所假設的那樣，自己爲自己合法化。」**㉒**也就是說，科學知識和其他知識一樣，都不具有眞理的代表地位，所謂「大寫的眞理」是不存在的。**㉓**任何知

㉑ Ibid, p.36.

㉒ Lyotard, *Postmodern Condition：A Report on Knowledge*,（Minnepolis：Minnesota University Press, 1984）, pp.23－27.

㉓ R. Rorty, *Philosophy and the Mirror of Nature*,（Princeton University Press, 1979）, pp.306－311.

識都不可避免地帶有主觀色彩並受權力關係機制的制約，純粹的「客觀知識」是不存在的。❷

　　這樣，知識與知識之間的等級分野就成了一種毫無根據的假設，現代主義關於「什麼知識最有價值」的問題就失去了其存在的意義，不僅是從斯賓塞開始提出的科學知識最有價值的認識論基礎受到了消解，並且任何對教育作整體規劃的現代主義認識論基礎也隨著李歐塔對後設敘事的抨擊而受到了消解。

　　李歐塔指出，在現代主義當道的情況下，知識的合法化是透過哲學和政治學的後設敘事方式而得以實現的。這些後設敘事假設自身具有偉大敘事的地位，而將其他敘事都視為這些後設敘事的從屬，必須從後設敘事方式中獲取意義，才能獲得存在的理由。他說：「我用現代這個詞來指涉任何根據某種後設話語來為自己進行合法化的科學，它們明確地求助於一些偉大敘事，如：精神的辯證法、意義的詮釋學、理性和勞動者的解放或財富的創造等等。」❷他認為，現代主義的這種後設話語方式是不可能適應當代知識圖景的變化的，並且其自身就是值得懷疑的。首先，19世紀的那些偉大敘事本身就包含著「非合法化」的萌芽，他列舉了納粹統治時期由偉大敘事而引起的災難等事實，❷來揭露偉大敘事的

---

❷Foucault, *The Archaeology of Knowledge*, New York, 1976.

❷ Lyotard, *Postmodern Condition：A Report on Knowledge*,（Minnepolis：Minnesota University Press, 1984）, p.xxii.

❷Ibid, p.37.

危險性；其次，知識或語言遊戲在後現代狀況下的無限增長和繁殖，使普遍的後設叙事越來越不可能獲取人們的信任，而各種話語自身的獨立性，也使它們不再可能都整合到話語中去。透過這些分析，李歐塔消解了偉大叙事或後設叙事的主角地位，並展望了後現代的實質，他說：「一言以蔽之，我把後現代界定為對後設叙事的懷疑。」❷，在他所描繪後現代知識狀況中，各種彼此相異的話語平起平坐，各自遵循自身的遊戲規則，組成一幅由各種話語組成的異質性圖景。這樣，「後現代知識不再（像現代知識那樣）是權威手中的工具；它增強我們對差異的敏感，增強我們對不可通約的異質性事物的寬容能力。後現代知識的原則不再是專家們的統一意見，而是創造者的謬推。」❷

他呼籲：「我們為緬懷整體和統一、為觀念和感覺一致、為明晰透徹和可交流的經驗一致，已付出了高昂的代價……讓我們與整體性展開鬥爭；讓我們成為不可表現之物的見證人；讓我們觸發歧見差異，為秉持不同之名的榮譽而努力。」❷

這樣，不僅以一種統治話語來統攝所有教育內容的認識論在後現代主義者看來是站不住腳的，並且學科之間的分界也是可疑的。後現代教育的知識任務應該轉向尋求差異、維

---

❷ Ibid, p.xxiv.
❷ Lyotard, *Postmodern Condition*： *A Report on Knowledge*,（Minnepolis：Minnesota University Press, 1984）, p.xxv.
❷ Ibid, pp.81－82.

護差異，打破原有的知識結構和一致性，提倡從歧見和差異中，用謬推的方式去發現新的思想和觀念。

以偉大叙事爲基礎的知識體系還面臨著傳播與教育的問題，而現代主義的教育思想恰恰是建立在現代主義的認識論基礎上的，傳授知識的過程，可以展開爲以下具體問題：「誰來傳授知識？傳授什麼內容？用什麼媒體？傳給誰？以哪種形式？效果如何？」在後設叙事被解合法化之後，這些問題都發生了變化。

首先，在誰來傳授知識問題上，以前，教師被視爲「眞理的代言人」來向學生傳授具有權威性的知識，在後現代知識狀況下，掌握「眞理」（小寫眞理）的人是那些在各自的知識遊戲中做得出色的人，那麼，他們是否應該成爲教師？或者，教師們是否應該努力去成爲這樣的人？教師是否還能維持其權威地位？教師與學生的關係將發生怎樣的變化？其次，在傳授什麼知識問題上，既然後設叙事已經被消解，各種知識都將獲得平等的地位，傳授什麼知識的問題將更依賴於特殊共同體的價值和接受者的興趣，那麼，課程將發生怎樣的變化？再者，在知識的傳播形式和傳播媒介的問題上，是否像李歐塔所說的那樣，教育的功能有極大部分要由終端機來完成，學校這一傳播現代性知識的主要場所又被擺到怎樣的地位上？最後，在以擁有資訊的多少作爲知識的評價標準的電腦時代，怎樣的教育才會被視爲「有效」的教育呢？如果連基礎知識都受到了否定，教育又將如何進行下去？對於這些問題，後現代主義尚未能做出實質性的回答。

羅逖對「認識論轉向」的批評

以新實用主義者自居的美國後現代主義者羅逖,考察了現代主義認識論的起源、內容和實質,對現代主義認識論的地位進行了消解。

羅逖指出,在現代主義盛行之前,神學是占主導地位或統治地位的學科,當時哲學和科學之間並沒有明確的區分。啟蒙運動中,神學被啟蒙思想家們打敗後,哲學才逐步獲得其現有的地位。在現代主義條件下,哲學家們「通常認為自己學科所談論的是永恆的問題,是我們只要進行思考就會出現的問題」……而「哲學,作為一門學科,自以為是在保證和揭示由科學、道德、藝術或宗教提供的認識論主張。它想根據其對認識和心靈本質的理解來達到這一點。較之文化其他部門,哲學可以是基礎的,因為文化是各種認識主張的集合,而哲學是對它們的判斷。哲學可以這樣做,是因為它理解認識的基礎,是因為它在對作為認識者的人,對使認識成為可能的『心理過程』或者『表象活動』的研究中發現了這樣的基礎。」❸⓿

現代主義認識論是現代哲學的核心。「認識論是一種不同於各門科學的理論,是各門科學的基礎」。認識論對哲學有著至關重要的意義,「如果沒有這種『認識論』的觀念,就難以想像科學時代中的『哲學』可能是什麼。」;❸①而

---

❸⓿Rorty, *Philosophy and the Mirror of Nature*,（Princeton University Press, 1979）, p.3.

「認識論」這個詞，是從19世紀才開始以我們現在所認爲的意義上出現，這種現代主義的「認識論轉向」是由笛卡兒開創的，正是由於笛卡兒所提出的「心（mind）的概念」，爲有關人類知識的性質、根源和限制的知識論提供了邏輯上的條件。因爲，只有在假設心物對立的條件下，我們才能去研究心智的活動，以及我們能知道什麼和如何更好地去知道。而認識論地位的確立，則歸功於康德哲學，康德「完成了使作爲認識論的哲學成爲自覺和自信的三件事」……「使人們能夠把認識論設想成爲一門基礎學科，一門想當然地以爲自己能夠發現任何人類生活領域的『形式』特徵（或後來的『結構』、『現象學』、『語法』、『邏輯』、『概念』特徵）的學科。」[32]

　　羅逖指出，現代主義認識論的來源，是啓蒙時代以來根據洛克、笛卡兒、康德等人的努力而逐漸被人類所信服的人的鏡式本質，這種本質假設人具有能夠反映外界的「能對普遍性進行把握」的心（或理智的意識）。他應用分析哲學的方法，透過對哲學發展史，尤其是心物對立的二元論發展史的剖析，指出「我們的鏡式本質不是一種哲學學說，而是一幅圖畫，會讀寫的人會發現他們讀過的每一頁文字都以這幅圖畫爲前提。」[33]也就是說，這一本質是人的想像的結果，

---

[31] Ibid, p.132.

[32] Ibid, pp.138－139.

[33] Ibid, pp.42－43.

並不具有「不可懷疑性」，它不僅是人類的臆想，而且是不符合人類的狀況，甚至在有些情況下是危險的。❸他指出，「我們在言語中必須徹底擺脫視覺鏡喻，特別是鏡像的鏡喻。有鑑於此，我們必須懂得，言語不僅不是內在表象的外在化，而且根本就不是表象。我們必須拋棄語言的以及思想的一致性概念，並把語句看成是與其他語句而不是世界相關聯著的。」

羅逖指出，西方哲學中這種視覺中心主義的反映論源於其根深蒂固的本質主義傳統。此一傳統有以下基本假設：

1. 人是有本質的，人的本質在於能夠發現事物的本質。這就意味著無論是人或物，都有固定不變的本質。

2. 就目的而言，所謂認識，就是對事物的本質（本來面目）的反映。

3. 就途徑而言，認識是由特殊的心靈過程實現的，它是可以透過一般的再現理論來理解的精確表象。

4. 就過程而言，認識是一個主觀不斷符合客觀，主體不斷逼近客體（客觀真理）的過程。

5. 哲學為前面的這一切假定提供解釋和論證，並確立一套公認的典範，從而為各種學科提供一個終極的評判標準。

在這種假設之下，現代哲學與其他部門之間的關係，類

---

❸Ibid, pp. 17 – 70.

似於啓蒙運動的先知們面臨的神學與文化的其他部門之間的
關係。哲學成了各個學科的法官。所有其他學科理論的眞實
性必須受到這位法官的判別，因爲只有它接觸了終極實在，
把握了超人類的非歷史的眞理。啓蒙運動的思想家們打破了
神學文化的時代。但不幸的是，神學留下的空白卻由哲學來
填補了，而各種現代主義認識論則直接成了篩選評判教育內
容，爲某種自以爲是「眞理」標準服務的工具，也成了排斥
人類一些日常經驗或與在權力機制中起不穩定作用卻意義深
遠的知識的產生和傳播的藉口。

　　所以，羅逖指出，必須「摧毀讀者對『心』的信任，即
使人們必須具有某種哲學觀的信念；摧毀讀者對『知識』的
信任，即把知識當作是應當具有『理論』和『基礎』的東西
的信念……」㉟
　　在批駁和解構了現代主義的認識論基礎之後，羅逖提出
了他所認爲的合理對待知識的態度。他認爲，把知識看作是
再現準確性的企圖是毫無必要的，應該去除知識的神秘性和
尋求優越地位的企圖，將它作爲對現實經驗中所出現的問題
的解答來看待。他說：「如果我們把知識看作有關談話和社
會實踐的問題，而不是去映現自然的企圖，我們大概就不會
去設想一種對一切可能形式的社會實踐都可以比手劃腳的後
設實踐（metapractice）。」㊱

㉟Rorty, *Philosophy and the Mirror of Nature* （Princeton University
　Press, 1979）, p.7.
㊱Ibid, p.171.

　　羅逖在批判現代主義認識論的基礎性的同時，還剖析了現代主義認識論中對各種知識進行分等分級的思維方式。西方現代主義對知識的層級劃分與柏拉圖的哲學傳統有關，在柏拉圖那裡，人類知識被分為一個從高級向低級排列的等級序列：理念真理（第一級）、經驗知識與意見（第二級）以及詩人的謬見（第三級）。從他開始，西方傳統哲學把為人類知識建立一個永久的、非歷史的知識構架為根本任務。先是柏拉圖的先驗論，然後是神學，到了近代，笛卡兒和康德等哲學家則是建立了一門認識論來進行這項工作。

　　他認為，雖然古典哲學家們為人類精神生活進行分門別類且劃分等級的工作在某個歷史階段是必要的而且是必須的，雖然這種劃分一度協調了各學科之間的關係，劃定了各門學科的活動地盤和範圍，但是隨著人類生活的變化和社會狀況的變化，這種劃分已經遠遠無法應付後現代社會多元化、邊界模糊化、話語複雜化的需要。羅逖認為，在後現代狀況中，大寫的「真理」已經不復存在，其可能性已經遭到了多重理論和實踐的否定。如果我們問羅逖：在人類現存的知識類別中，「什麼知識最有價值？」的話，他的回答是：不存在所謂「最」有知識的價值，也不應該存在評判所有知識的價值等級的所謂「認識論」。在人類的知識中，哲學、科學和文學及經驗科學之間，誰也沒有充足的理由占領優先的地位。哲學不必要再為各門學科提供認識論的基礎，它也不需要向科學靠攏，以便使自己「科學化」。科學也不需要哲學的論證，以便使自己顯得高於其他學科。人文科學和藝

術也以自己的特徵，在人類知識中占一席之地，並且各個學科之間是開放的。各學科都不會也用不著關心自己的哲學基礎，所有學科都被看做是在指稱其界限隨著其成員的興趣轉移而流動的知識體。隨著學科之間界限的逐漸消解，對於各學科的性質和地位，也就不再需要多加在意了。

　　唯科學主義是荒謬的，現代主義系統性哲學的努力也是徒勞的。必須將各種知識作為相互協同的人類經驗，消解知識之間的等級劃分及學科界限，以便形成後現代時期的後哲學文化，並將人類導向以協同性為特徵、各種共同體間能進行和平對話的自由民主社會。

傅柯與認識型

　　對「知識」進行不同程度的論述，是傅柯所有著述之間聯繫的紐帶。《診所的誕生：醫學觀測的考古學》是關於醫學知識的產生史，《性史》第一卷的標題就是《知識意志》，《癲狂與非理性》和《規訓與懲罰》以各自的角度分析了知識與權力之間的關係。《事物的秩序》和《知識考古學》則對知識的歷史和實質進行了系統深入的探討。其中，《事物的秩序》運用系譜學的方法，透過對知識史考察，對現代主義的知識分類及各類知識的相應地位的合法性提出了疑問，動搖了現代主義的認識論基礎。

　　傅柯在《事物的秩序》一書中，對將知識分為自然科學和人文科學的區分法進行了批判。現代主義認為，數學、物理學、化學、天文學等抽象科學具有某種優越性，擁有科學的理想模式，而人文科學則太不純粹，充滿著人類謬誤、迷

信和偏見，不能提供有規則的明確歷史。與此截然相反，傅柯認為，一個特定時期的所有智力活動都遵循某種知識譯碼的規律。傅柯用「認識型」（episteme；或譯為「知識型」）這一關鍵概念來分析知識的歷史。他認為，在認識型中，人們對知識的考察撇開了所有涉及其理性價值或客觀形式的標準，知識建立了自己的確定性，從而使生產不同經驗科學的知識構型呈現出來。他考察了每一個認識型內部的相似性，認為各個歷史時期之間的決裂是考古學層面上的斷裂。

在《事物的秩序》中，認識型指「詞」與物藉以被組織起來的那個知識空間，它決定「詞」如何存在，「物」為何物，它是特殊知識和科學的存在條件的一個關繫維度。「認識型」是一種必然的、無意識的和無名的思想形式，它在特定的時期內界定經驗總體性中的知識領域，限定出現在該領域中的客體存在方式，向人們的日常知覺提供理論力量，並定義人們提出有關失誤的話語的種種條件。認識型作為各種知識領域的基礎，對應於西方文化中的不同時期的概念基礎。在傅柯看來，自16世紀以來，西方文化中的裂變，使文化史上先後出現了四種認識型。16世紀的文藝復興認識型：詞與物統一；17～18世紀的古典認識型：用詞的秩序再現物的秩序；19世紀以來的現代認識型：詞的秩序不表示真實事物，而表現人對物的表現。在當代，知識面臨著又一次新的裂變，新的認識型將會產生。在傅柯的《事物的秩序》中，他主要考察了前三種認識型。

　　文藝復興時期認識型是以「相似性」爲原則的。文藝復興時期，人們依照事物彼此之間的相似來爲事物規序，進行各種思考。「直到16世紀末，相似性在西方文化知識中一直起著創建者的作用。相似引導著文本的大部分論釋和闡釋：相似性組織著符號的動作，使得有關可見和不可見事物的認識成爲可能，並控制著表象事物的藝術。」❸❼文藝復興思想透過相關相似性的無休止的螺旋上升而追尋其世界的知識。世界的體系與世界的知識體系具有同樣的本質結構。

　　由於宇宙萬物之間的關係通常是隱蔽的，因此，當時人們認爲上帝把一個標記或指號貼在事物之上，以便表明事物間的相互關係。由於都爲上帝所造，故詞與物統一。在16世紀，人們在自然現象的觀察、巫術和古人的作品之間並不作區分，他們在同等認識型條件下能夠同時接受科學、巫術和博學，正是由於文藝復興時期認識型的基本結構。傅柯指出，現代人堅持把自然現象的觀察與文本的權威區分開來，但我們不能把現代人的模式強加給文藝復興時期。

　　文藝復興思想是符號的三元體系：作爲能指的符號；由這些符號所指示的物，即所指；在能指與所指之間還存在透過無窮系列的闡釋來把這兩者聯結起來的第三個項，即相似性。不僅如此，由於相似性既構成符號的形式，又構成其內容，因此，三個項作爲單一角色發揮作用。

---

❸❼Foucault, *The Order of Things*：*An Archaeology of the Human Sciences*,（New York：Pantheon）, 1971, p.32.

　　到了17世紀，在所謂的巴洛克藝術風格時期，思想不再周旋於相似性的因素。人們不再認為相似性是知識的來源，而把它看作是產生謬誤的原因。大約在17世紀中葉，西方思想中發生了與文藝復興時期認識型的根本決裂，西方思想結構轉而為古典認識型所主宰。

　　古典認識型的原則是同一與差別原則。這一原則的建立與培根和笛卡兒有關。培根透過對於洞穴幻象、市場幻象、劇場幻象和種族幻象進行檢驗，對相似性發動了第一次攻擊，把相似性斥責為「幻象」。笛卡兒則對相似性作了較為徹底和深遠的批評。笛卡兒在《精神方向規則》中，明確把相似性當做謬誤的根源，而非知識的客體。他指出，相似性僅僅是那些必須根據同一與差別加以分析的不同範疇的大雜燴，相似性不能作為規序知識的方法。他用比照觀念替代了相似性觀念，把比照推廣為方法的基礎，比照成了秩序的功能。比照由兩種觀念組成：測量和秩序。前者透過間接參照第三個項來比較事物，後者依據對事物本性的直覺來比較事物。在秩序觀念中，人們就能以圖表的形式如其所是的那樣對事物進行排列（表象），以表示一系列的同一與差別（某些特殊屬性的有或無）。於是，分析取代了闡釋，同一與差別原則取代了相似性原則，知識在於取得表象的秩序。

　　在這個基礎上，在言詞、存在、和需求領域內，開始出現了普通語法、自然史和財富分析，以及所有秩序科學。❸

---

❸ Foucault, *The Order of Things： An Archaeology of the Human Sciences*,（New York： Pantheon）, 1971, p.71.

　　文藝復興的相似性在基於同一與差別的術語之上的分析中分崩離析了，「西方文化的整個認識型都發現自己的基本序列（dispositions）發生了變化。尤其是16世紀人們視之爲具有親緣關係、相似性和親密性的複合體，以及在其中語言和事物都不停地相互纏繞的那個廣闊的整體的經驗領域將採納一個新構型。」❸他假定這一新構型可稱爲「理性主義」（rationalism），在這一構型中，陳舊的迷信和那些不可思議的信念被破除了，人們認爲，自然是具有科學秩序的。

　　傅柯認爲，古典認識型的符號體系與文藝復興時期的符號體系存在著本質的差別。首先，在符號與人類精神的關係上，文藝復興時期把符號當做世界的一部分，符號被置入和隱入世界中，期待著認識，期待著人們去發現。而在古典時代符號只是爲認識著的精神而存在，是知識本身的內在組成部分，是表象秩序的手段，符號不是世界的一部分。因此，與文藝復興時代不同，在古典時代，世界與符號、詞與物是相分離的。其次，古典時代的符號並不是爲了把事物結合起來，而是用來區分和分散事物的。第三，文藝復興賦予自然符號以優位，古典時代則將優先權給了常規符號。由於自然符號並不有效地符合人類精神的運作，因而是難以對付的、不方便的；而常規符號則容易處理。這就引出了有關能指與所指之間的關係的差異。在文藝復興時期認識型中，符號與所指之間的關係是相似關係，符號也是所指的一部分。但對

---

❸ Ibid, p.68.

古典時代來說，符號在本體論上與世界分離，所以古典符號
能直接相關於所指，而不需要那種與所指的相似關係。無論
符號是否碰巧類似所指，符號都直接表象所指物。這樣，符
號的整體基礎就發生了改變。由能指、所指、相似性所構成
的三元形式轉變成基於表象之上的能指和所指的二元形式，
古典符號直接表象它所指稱的客體內容。表象成爲古典認識
型的知識形式。

　　古典認識型對知識的新規序，即符號與相似性的分離，
使新的秩序科學得以產生，這些新科學是：詞的表象（普通
語法）、存在的表象（自然史）和相關於財富需求的表象
（財富分析）。這些科學都直接反映了古典時代知識對秩序
的要求。

　　到18世紀末，由於人類經驗，尤其是現代經驗的發展，
使表象遭到了來自外部的攻擊。意識的形而上學遭到了關於
自由、慾望和意志的話語的攻擊，現代知識型開始產生。現
代人認爲，世界並非由同一與差別聯繫起來的獨立因素構
成，而是由作爲間斷性的有機結構組成，由因素間的內在關
係組成，且因素的總體性履行著一個功能。由於它們的結構
之間和功能之間存在著類推性，所以基本實在才能相互聯
繫。對古典思想來說，時間只是從外部介入無時間性的結構
中；而在現代思想中，時間是主要的概念，世界的本質實在
並不在於它們在一個理想的概念空間所形成的連續系列中。
如果這些有機結構因高度的類推而彼此鄰近，那麼，這並非
由於它們在分類圖表中的鄰近，而是由於它們在同一時間形

成，並且一個緊接一個出現在時間序列中。❹在現代知識型
中，事物之所以成其為事物，並非因為事物在理想分類體系
中的地位，而是因為事物在真實歷史中的地位。現存事物的
秩序並不受外在於事物的理想本質的制約，而是為深藏於事
物內部的歷史力量所決定。

　　現代認識型認為，必須在於比表象本身更為深刻和寬廣
的幕後世界中，去理解和確立表象。表象不能為把各種因素
聯繫起來的種種關聯提供基礎。同一與差別的構成、分解和
離析都不能驗證表象之間的相互關聯。一般的知識域不再是
關於同與異、非數量秩序、普遍特徵化、一般分類等領域，
而是具有間斷性的有機結構所組成的領域。

　　與新秩序觀和新符號觀相應的是，現代認識型產生了新
的知識觀，即認知領域的分裂。認識論領域向三個不同向度
分裂。這三個向度是：⑴數學科學（包括純數學和數學物理
學）；⑵生物學、經濟學、語文學等經驗科學；⑶哲學。其
中，數學科學構建起能把明顯的或已證明了的命題連接起來
的演繹體系。經驗科學把經驗世界中間斷、但類似的因素聯
繫起來，以便揭示因素間的因果關係和結構常量。而現代哲
學的任務，則是設法對知識的基礎和實在的秩序作統一理
解。在現代認識型階段，哲學與認識論是同義的，旨在為知
識尋求基礎。

---

❹Foucault, *The Order of Things*： *An Archaeology of the Human Sciences*,（New York： Pantheon）, 1971, p.230.

　　由於18世紀末發生的「認識論決裂」，在表象衰落的基
礎上產生的三門經驗科學都要求人既成為它們的主體，又成
為它們的客體。因為只有人會講話、會勞動和生產。人的具
體存在是由生命、勞動和語言所決定的：人的知識透過他的
機體、產品和言詞獲得。這樣，人既是知識的有意識主體，
又成為經驗知識的客體。心理學、社會學、語言學、精神分
析、人種學等人文科學因而成為可能。人成了科學的對象，
而哲學則從對表象的評注轉到由此產生的知識有效性問題。

　　由於人文科學從事人的分析，注目於人的表象在構建世
界中的作用，因而較為密切地相關於闡釋人的限定性，並設
法統一人的存在的哲學思維。傅柯大膽地認為，人文科學在
「知識的外部性」中發展了哲學在知識的內部性中所完成的
一切。

　　在現代認識型中，人文科學並不是科學，但它卻是知識
形式，和物理學和生物學等科學一樣，它們在現代認識型中
占有合法的一席。在與科學的關係上，一方面，現代人文科
學成功地使用認識論上有效的方法論產生了客觀知識體系，
因此，它們並非幻想、假科學偏見。另一方面，由於它們並
不擁有科學知識形式的形式標準，因而不能成為嚴格意義上
的科學。它頂多會被稱為「軟」科學，而且為了強調自己的
合法地位，常常為自己貼上「科學」的標籤，並以「真理」
自居。事實上，現代人文科學把知識建立在限定性基礎之上
的企圖儘管採取了不同的形式，但都失敗了。

　　因此，傅柯認為，自康德以來人類學（對人的分析）在

現代思想中起著支配性的建構作用。現代思想一直沈溺於
「人是什麼？」這個問題中，陷入了經驗和先驗的二元迷霧
中。傅柯稱這種情況爲「人類學的沈睡」。他認爲，我們正
處在一個過渡時期（可姑且稱爲「當代認識型」），其標誌
是人文科學中出現了「反科學」。它們之所以被稱爲「反科
學」，不是因爲它們不如其他人文學科「理性」或「客
觀」，而是因爲它們沿著相反的方向。人文科學背對潛意
識，而這些及人文科學的學科則是面對潛意識（無思、他
者）。首先是精神分析學和文化人類學。精神分析並不質問
人，而是探究構成其界限的潛意識區域，它致力於使無意識
話語透過意識來得到表達。它發現了潛意識也有某種結構。
同精神分析一樣，文化人類學並不質問人，而是研究文化的
歷史，研究文化藉以限定其生命、需求和意義的關係的專門
界限，把目光聚焦於社會中的潛意識結構。傅柯認爲，透過
把個體的經驗（精神分析的焦點）和個體的文化結構（人種
學的焦點）聯繫起來，我們就可能確立起這兩門反人文學科
之間的基本聯繫。爲了把它們的本性和關係理解爲形式的符
號體系，人們必須求助於語言學這門反人文學科。在這裡語
言學指研究純粹狀態中的語言的學科，而非人的表象力量的
產物和媒介，從而與現代文學具有相同的關切。在語言反思
中，鑑於現代文學的形式主義憑著把語言當作一種並不主要
地與表象世界的人類設想相聯繫的自我包容、自我指稱的體
系，語言學的形式主義因而也則展開了一種結構分析以損害
人在語言中的關鍵地位。

　　從傅柯對西方文藝復興以來的整個知識史的考察，我們可以發現，爲教育尋求認識論基礎的努力並不是隨著教育的出現而出現的，只有到了現代認識型階段，當人成爲認識的客體的時候，教育學才以一門學科的形式出現（我們可以回憶一下西方教育史中，各種教育家和教育流派的思想和傅柯的認識型劃分的對應，夸美紐斯所使用的是典型的相似性思維；而17世紀以後到18世紀期間，教育內容側重再現客觀世界的知識，法國的百科全書主義知識觀就是在這一時期形成的；而到18世紀，『教育的心理學化』才成爲口號，所謂的『教育學』才在裴斯泰洛齊和赫爾巴特等人的努力下開始成爲獨立的學科……）。並且，在現代認識型階段，由於尋求知識存在的基礎成爲哲學的任務，並且由於知識的分化，「什麼知識最有價值？什麼知識比其他知識更有價值？」的問題才成爲教育者必須回答的問題（最早明確回答這個問題的是史賓塞，當時由於表象科學的地位還很強，他提出「科學知識最有價值」）。而正是由於現代認識型所導致的知識分化和知識類型的複雜化，使人們在考慮這些問題因各自的出發點和角度的不同而作出極爲多樣的回答。此外，由於現代認識型既保留了古典認識型時期對科學地位的高度肯定，又將人文學科開闢爲主要的知識類型，現代教育的認識論基礎的衍生和變革過程的一個明顯特徵就是在科學主義和人文主義之間搖擺。更由於現代認識型中知識的分化，分科教學一直主宰著現代教育。

　　從傅柯的分析我們還可以發現，認識型的產生和斷裂與

一定的歷史時期是相關的，既然現代認識型已經遭到了衝擊，並且如第一章所說的，社會狀況已經面臨著向後現代性的巨大變化，如果向「當代認識型」的轉變眞的在發生或者將發生比傅柯所預想的還要劇烈的轉變；那麼，教育的認識論基礎是否還將繼續？如果教育的認識論基礎在後現代性中成了一個虛無的問題，教育又將是怎樣的呢？

　　雖然許多史學家認爲，傅柯由點到面所作的認識型分析（從自然史、財富分析等單一的經驗領域的描述，經過幾個經驗領域的共同結構的分析，再到整個時期的總體思想特徵的勾劃），不僅毫無依據，而且頗具疑點。它不僅犯了以偏概全的錯誤，還有簡單化的嫌疑。傅柯的認識型，忽視了有些思想是跨越兩個甚至多個認識型的；它無法說明認識型的滯差；也沒有說明一個認識型內部可能存在的衝突和可能發生的決裂。縱然如此，傅柯的文化通史的價值並不在於它的精確性，而在於它有能力激發一個批評和重構過程。這種批評和重構的必要性，在傅柯自己的思想發展歷程中也得到了相當的重視。他在後來的《知識考古學》、《規訓與懲罰》、《性史》等著作中，曾試圖挖掘知識的深層本質，而這一本質就是權力，由於他所論述的知識——權力觀與教育制度的關係更爲密切，有待在下文中進一步討論。

第三節　後現代主義對現代教育制度的剖析與批判

　　後現代主義者們認爲，現代教育制度並不是理所當然的

實在,它是「成問題」的,他們從不同的視角對現代教育制度的本質進行了剖析。其中,傅柯主要圍繞其知識與權力關係的理論,分析教育制度中的權力話語的運轉,及現代教育體制的作為規訓機構的本質。布迪厄(Pierre Bourdieu)透過其文化再生理論,剖析現代教育制度中隱蔽的權力運作,以及其維護教育內外的等級制的保守功能。而伊里奇(Ivan Illich)等更激進的思想家,則更是認為現代教育制度並沒有存在的理由,必須予以取消。

知識/權力與教育/規訓

權力是傅柯後期研究的一個中心概念,其中,傅柯所定義的權力有其特殊性,主要指一種權力關係,他說:「我所說的權力,不是指保證一個特定國家的公民服從的一組機構與機制。也不是與暴力相對立的以法規面目出現的征服手段……我認為,權力首先是多重的力量關係,存在於它們運作的領域並構成自己的組織;權力是透過無休止的鬥爭和較量而轉化、增強或倒退著的過程;權力是這些力量關係之間的依靠,它們結成一個鏈鎖或體系,或者正相反,分裂和矛盾使它們彼此孤立;最後,權力如同它們據以實施的策略,它的一般構思或組織機構上的具體化體現在國家機器、法律條文和各種社會領導權中。」[41]

權力與知識有著十分密切的關係。權力和知識在話語中

---

[41]傅柯,《性史》,張廷琛等譯,上海科學技術文獻出版社,1989,p.90。

發生聯繫。所謂話語（discourse），簡單地說，就是指那些透過語言或文字表達、被視爲有條理的思想，以及這些思想的傳遞和交流過程。❷話語的基本單位是陳述，陳述方式的構成影響著話語的構成。其中的關鍵環節是：⑴誰在說話，他憑什麼權力說話？⑵說話者所憑藉的制度地點，也就是使其話語獲得合法性和應用對象的來源；⑶說話者與各種對象領域的關係。在這些環節中，話語並非是我們所能看到的純淨狀態的思想或經驗，在其背後，是一個緊密的多重關係的網絡。

　　傅柯認爲，我們必須破除一些根深蒂固的觀念。比如，我們不能把理論和實踐完全分開。他認爲，話語也是一種實踐。所謂「知識」則是「由話語實踐按照一種有規律的方式構築的一組因素」。沒有話語實踐，就沒有知識。因此，知識並不純粹是理論建構，而是各種歷史條件耦合的產物，而這些歷史條件本身是非理論的。知識是話語提供的爭奪、占有和利用機會的結果，與權力、意識形態等等有著密切的關聯。知識的產生、眞理的揭示是以主體服從權力機制爲代價的，各種知識的產生都是與壓制、服從、合理性聯繫在一起的。教育制度就是典型的知識/權力機制所在。

　　由知識和權力交織而運作的話語實踐受制於「一組匿名的歷史規則」，這些規則「在某歷史時期的時空中通常是確

---

❷C. Cherryholmes, *Power and Criticism*：*Poststructural Investigation in Education*，（New York：Teachers Colledge Press），1988, p.2.

定的，而且對於一定的社會、經濟、地理和語言領域來說，
是陳述功能運作的條件。」⑭傅柯把知識看作是話語的隱密
運作，把話語看作是一個相對自主的領域，既受制於不以人
的意志或理智爲轉移的規則系統，從而獨立於理性主體或利
益主體；又不是對「客觀實在」的眞理性認識，從而獨立於
「眞實對象」。在這種話語的隱密運作中，權力無處不在。

　　現代教育制度的實質是在權力關係中生產知識關係的場
所，它也是其他領域的話語運作的重要場所。在教育制度
中，教育話語體現在各級各類學校所選擇的教育內容中，體
現在各種教育研究機構的研究成果中，也體現在教育評價方
式和評價制度中。其中意識形態對教育話語起著重要作用，
儘管它有時並不爲教育體系中的人所察覺。以考試制度爲
例，考試的形式和內容本身首先取決於它背後的意識形態，
而整個考試機制的運行則與教師、教育管理人員、學生、家
長、校外社會機構的信念取向有關；這些信念取向包括：對
考試和評價的重要性、考試方式、考試內容、考試結果的意
義所持的不同看法等等。而使這麼多人都接受考試這種方式
的原因，則是整個社會中各種話語和各種部門之間以及以上
所提及的這些群體間權力關係運作的結果。至於考試制度盛
行的現代教育體制，則是啓蒙時代後，整個社會的規訓與懲
罰機制發生變化的結果。

---

⑭Foucault, *The Archaeology of Knowledge*,（New York：Pantheon
　Books, 1972）, p.117.

傅柯在《規訓與懲罰》中，運用「權力的微觀物理學」方法，透過探討現代懲戒方式（監獄）的形成，來發現經驗、知識、權力之間的關係。他指出，我們可以在同一時期（資本主義制度建立後）看到許多類似現象：監獄、精神病院、大工廠、學校制度差不多同時出現，其共同特徵是透過定位、禁閉、監視，對行為和任務進行管理來馴服人性。這種馴服方式即「規訓」（discipline）。「規訓」亦即「使肉體運作的細微控制成為可能的，使肉體力量永久服從的，並施加於肉體之上的一種溫馴有用的方法。」❹❹這些方法早已在僧院、軍營和工廠中存在，但直到十八世紀，現代主義蓬勃發展之時才成為一般的控制形式。規訓的環節是人體身體藝術延伸的環節，它不僅指向技巧的增長，也不僅指向其臣服，而是指向這種關係的構成：越有用，越順從；越順從，越有用。人類肉體因為規訓機制而進入了一種控制它的權力技術學中。在眾多的規訓機制中，現代教育制度具備所有的規訓特徵，這些特徵是：

1. 分佈的藝術：規訓要求在一種封閉的系統內進行，以隔絕外來影響。這種空間不是某一批人的固定場所，其居主是可以變換的。學校就是如此。

2. 控制活動：規訓要求制定嚴格的時間表，什麼時間做什麼事情都是預先規定好的，必須嚴格執行。學校的教學計畫和課程就履行了這一功能。

---

❹❹轉引自《傅柯》，楊大春著，台北生智出版社，1995，p.147。

3.發生的條理化：在一個組織機體內，根據成員的不同情況而確定不同的時間，以便掌握個體生成的時間並加以有效的利用。班級授課制，以及各種各樣的能力分組，就是這一特徵的體現。

4.力量的構成：規訓的目的之一是建立起一種機構，其效果透過聯合其基本構成成分而增強。這要求發揮每個個體的最大效率，這種要求表現在：

(1)個體成為可以安置、移動、結合到其他地方去的因素。

(2)每個個體都充分地利用時間，同時能夠適應其他人的時間，以便達到最佳效果。

(3)應當具備一個準確的命令系統。

教育體制中的教學安排、教育政策的制定以及班級中集體教育方式的運用，就體現了這一特徵。

傅柯指出，規訓權力的成功是透過一些簡單而溫和的方式來實現的。這些方式包括：

㈠等級監視（hierarchial observation）：規訓的實施預先設定了一種強制機制，它透過層層監視而實現，其效果是直接可見的。在教育制度中，地方教育當局監督學校、校長監督教師、教師監督學生、學生幹部監督普通學生。而學校校舍的設計，也是適合於監視的。

㈡常規化評價（normalizing judgement）。它透過比較、區分、測度、整合和排斥等五種不同機制運轉，以達到個體的常規化，這幾種機制在教育中不僅在「顯在課程」中

有所表現，也體現在「潛藏課程」中。

㈢審查（examination）。審查是等級監視和常規化兩種技巧的結合。它是一種常規化注視、一種監視，它使確認、分類和懲罰得以可能。它在個體身上確定了可見度，並據此區分和評判他們。審查是高度儀式化的，在其間結合了權力的儀式和實驗的形式、力量的運用和真理的確立。在審查中，權力關係和知識關係的交織凸現出來。掌握知識的人員有規律地巡視，參與管理，在不斷審查中體現權力，同時也留下了關於被審查者的大量資料，使被審查者成為一個案例（case）。審查使個體成為權力的對象和結果，同時也成為知識的對象和結果。

在規訓制度中，權力透過這些方式，不是進行壓制，而是進行有效的（高效的）生產，它產生了對象領域，也產生了知識，在教育中，其對象領域是人（受教育的人），所產生的最直接的知識是教育學。而規訓機構中的教育學，是「這樣一種教育學，它教導學生說文本以外就一無所有了……另一方面，這種教育學使教師的話具有無限的權威性質，這就使他可能無休止地複述文本。」❹⑤

從傅柯的分析可以看出，現代教育體制並非是一種為全體人民提供的機會和福利，而是一種控制機制，它不斷地用隱形的權力來將每個個體圈到其中，自覺或不自覺地為整個

---

❹⑤轉引自，鄧志偉，＜後現代主義思潮與西方批判教育學＞，載《外國教育資料》，1996年，第四期，p.3。

機制服務。不僅在正規教育制度中如此，在非正規教育中，如透過各種資格考試來為個人提供社會資格的機制中，也充滿了規訓的性質。一些教育家已經透過傅柯的這一理論，對此進行了剖析。**⑯**

傅柯深刻地揭露了知識和權力的關係以及規訓制度的本質，但他並不認為，這一切是不可動搖的。他認為「有權力的地方就必定會有抵抗」，我們必須從細小的權力控制之處進行抵抗，例如，在教育過程中去挖掘稗官野史或文本中的不曾被發現的意圖或意義；在教育制度中，強調被教育者的抵抗作用等來抗議社會對人不公正的規訓。

文化再生與教育制度

法國社會學家布迪厄提出了「文化再生（cultural reproduction）」理論，來分析社會文化的動態過程。他認為，必須以動態的觀點來看待文化實踐，這樣，我們就會發現，社會結構的狀態和決定作用其實是一種十足的偶然性，社會實踐所固有的創新和能動力量也表現為一種偶然性。作為過程的文化是突生的，但是，和所有的社會過程一樣，文化以再生的方式不斷地演進，同時為社會行動提供基礎。

布迪厄的文化再生理論的核心，是對現代教育制度的剖析。他認為，現代教育制度的功能是「再生」統治階級的文化。這種再生功能，作為一種大眾社會化機制，有助於保

---

⑯ Usher and Edwards, *Postmodernism and Education*, （Routledge, 1994）, pp.82 – 100.

障統治階級的支配地位，從而使其中不易被人們察覺的權力行使永久化。

　　具體地說，他從教育制度入手，分析了教育制度在構成和傳遞所謂合法的知識和溝通形式中所發生的作用：

　　「文化領域是透過連續的重構而不是徹底的革命來轉變的。在轉變過程中，某些主題被放在顯著的地位，其他的則被擱置在一旁，但並非完全被消滅，這樣各個知識代之間溝通的連續性始終是可能的。然而，在任何情況下，各種貫穿於某一階段的思想模式只能參照教育體制才能被充分地理解，因為唯獨教育制度能夠透過實踐把模式作為整個一代人共同的思想習慣而確立發展下去。」**❹**

　　在這裡，布迪厄的觀點是很明確的。特定社團的權力是透過溝通形式和模式體現出來的，也是透過溝通形式和模式以獲得文化的再生，從而得以維持下去。文化再生的目的和社會再生產一樣，都是為了維持一個制度的持久存在。在這種維持機制中，教育體制起著核心作用。並且，在現代社會中，教育體制所起的權力和支配關係是隱密的，它不再透過哪個階級或階層享有受教育的權力，或規定各個階層所受的教育的權力有等級區分的形式來實行。在現代教育體制中，

---

❹Bourdieu, " Cultural Reproduction and Social Reproduction ", in J. Karabel and A. H. Halseu （ eds. ）, *Power and Ideology in Education*, （ Oxford： Oxford University Press, 1977 ）, p. 187； Bourdieu, *Outline of a Theory of Practice*, （ Cambridge： Cambridge University Press, 1977 ）, p.21.

人人具有平等的受教育機會和權力成為一條宗旨；而文化再
生則透過「文化資本」和「符號暴力」來行使其保守功能，
使社會中的文化等級和階層等級得以延續。

他說：「在社會空間中瀰漫著一種文化資本，它透過繼
承來轉讓，而投入這種資本的目的是為了使之生成。」❹

這裡，繼承的渠道主要是教育體制。其原因是：「其
實，在全部歷史中，就權力和特權轉讓問題提出的解決辦
法，確實沒有比教育體制這個辦法更具隱蔽性，因而更能適
應往往拒絕公開的權力繼承和轉讓形式的社會了。教育制度
透過促進階級關係的再生，透過以一種顯然是中立的態度來
掩蓋事實──它填補了權力轉讓這一功能，從而提供了解決
辦法。」❹

這裡，「拒絕公開的權力繼承和轉讓形式的社會」即啟
蒙運動後的現代主義社會，在現代社會中，「教育制度告別
了那種公然給予每個人它暗中要求他們做的東西的做法，對
每個人提出了相似的要求，亦即要求他們應該具有它所不給
予的東西。這些不給予的東西主要包括語言、文化能力以及
與文化的親近關係，而這種親近關係只有當它傳遞主導文化
時才可能由家庭教育產生出來。」❺

---

❹Ibid, p.10.
❹Bourdieu, "Cultural Reproduction and Social Reproduction", in J. Karabel and A. H. Halseu (eds.), *Power and Ideology in Education*, (Oxford： Oxford University Press, 1977), p.187.
❺Bourdieu, "Cultural Reproduction and Social Reproduction", in

---

在布迪厄看來，正是現代教育制度的對象化（對象的泛化）「保證了物質和符號獲取的持久性和累積」**❺**。教育制度一旦以這樣的方式對象化，「學業資格同文化資本的關係就如同貨幣與經濟資本的關係」。它們使權力和支配關係同個人流動進一步分離：「它們被設置在社會保證的資格與社會限定的位置之間。」**❺**因此，「教育制度有助於為統治階級提供馬克思·韋伯所說的『一種有其自己的特權的神正論。』但它主要不是透過它所產生並反覆加以灌輸的意識形態來提供，而是透過既定秩序的實踐證明來提供。這種秩序的獲得是把資格與就業之間的公開聯繫作用……用作一種煙幕來掩蓋人們所獲得的資格與他們所繼承的文化資本之間的關係……」**❺**

以布迪厄的分析來看，不同的和分層的社會化實踐，夥同教育制度去偏袒那些憑藉其在階級體系中的優越位置而成為文化資本的「自然」繼承人的社會成員。教育制度無非是分配和確定社會特權的工具，所謂教學實踐是價值無涉的神話恰恰幫助教育體制來完成這一分配和確定特權的過程。無

J. Karabel and A. H. Halseu（eds.），*Power and Ideology in Education*，（Oxford：Oxford University Press, 1977），p.188.

❺Bourdieu，" Cultural Reproduction and Social Reproduction "，in J. Karabel and A. H. Halseu（eds.），*Power and Ideology in Education*，（Oxford：Oxford University Press, 1977），p.184.

❺Ibid, p.187, 188.

❺Ibid, p.188.

論是統治群體還是被壓制群體都不太會對現代教育制度的這一潛在功能產生懷疑，因此它在每個人的意識中保持了一種正直的形象，並且使社會中處境不利的人對教育制度抱不可能實現的幻想，並將自己在社會分層中的失敗原因歸結到自己的能力方面去。現代教育制度所宣揚的所謂「自由、平等、解放」的宗旨，只是遙不可及的烏托邦而已。布迪厄用「文化資本」這個隱喻揭示了現代主義教育制度的深層結構，指出現代主義教育制度的本質並非如其允諾的那樣美好，它不過是一種非暴力的、包著糖衣的，因而也是更能蒙蔽人的「文化再生」工具而已。

非學校化社會

伊里奇被稱為「後現代環境論者」**❺❹**，他在《非學校化社會》（1970）、《學校教育的抉擇》（1971）、《宴飲交際的工具》（1973）等著作中，對現代教育制度進行了猛烈的抨擊。

《非學校化社會》的主要論點**❺❺**是：

1.透過學校教育形式實行全民教育是行不通的。比較可行的是借助在目前學校方式上建立起來的其他社會形式；

---

❺❹David A. Gabbard, Ivan Illich, " Postmodernism, and the Ecocrisis：Reintroducing a ' Wild ' Discourse ", in *Educational Theory*, 1994, No.2, pp.173－187.

❺❺轉引自《世界著名教育家》，中國對外翻譯出版公司，1995年，p. 239。

2.只有在學校成爲終身教育機構的基礎上，新的教學方
法、教育設施的完善……或擴大教師責任的嘗試才有
助於全民教育的實施；

3.必須改變當前對新的教育渠道的探索方式，尋求能增
進學習、共享和相互關心的教育方式；

4.不僅要在社會組織形式上，而且要在社會觀念上「廢
除傳統的學校形式」。

　　他認爲，現代教育體制中的學校教育和學校組織是有明
確交換價值的商品生產者，在這個社會中，獲得文化資本越
多的人得到的利益越多。現代教育制度爲人們獲取文化資本
開創了一系列神話，這些神話有以下幾種形式：

1.**社會組織化價值的神話**。這一神話以這樣的信念爲基
礎，即：上學受教育的過程產生某種價值。現代教育
機制向人們灌輸了這樣的信念：有價值的學習是上學
受教育的結果，上學越多，學習的價值越大，而且學
習成績和文憑可以衡量並證明這種價值。

2.**衡量價值的神話**。學校灌輸的社會組織化價值是一種
量化的價值。在現代教育制度中，這些價值是可以產
生或衡量的，人們自覺或不自覺地受它們支配，從而
接受一切等級差別。

3.**包裝價值的神話**。學校透過向學生出售課程來完成對
學生的包裝。課程的生產過程的結果就像是任何一種
現代的大宗商品的生產過程。

4.**永遠自我發展的神話**。在現代教育中，似乎人永遠具備新的學習可能性，從而獲得更多的資歷。其原因是，一個人的學歷越高，他獲得一份好工作的機會就越多。

伊里奇指出，學習是最不需要別人操縱的人類活動；大多數學到的知識並不是教育的產物，而是學習者參與有意義的環境的結果。學校卻使他們把自身個性、認知培養和複雜的計畫操縱混為一談，其結果不僅導致了對知識和學習的異化，還引起了社會不公正現象的加劇和社會階層之間進一步不平等。

他提出，真正的教育必須是能夠增強人們的好奇心的教育。良好的教育應有三個目的：(1)向每個想學習的人隨時提供獲取現有資源的條件；(2)使每個想與人共享知識的人找到想學習他們的知識的人；(3)使每個想向公眾提出有爭議問題的人有機會將自己的論點公諸於世。

廢除了學校教育制度的社會中，學習可以透過網絡式學習機構來進行。其中主要有四種網絡形式：(1)教育媒體服務中心，包括圖書館、實驗室、陳列館等。(2)志願同伴通訊網，志願相同的人可以透過各種訊息渠道建立聯繫、安排會面時間、地點，從事某種特定的學習活動。(3)技藝交流中心，把有一技之長和願意傳授技藝的人，編入交流項目表，讓有興趣的人能夠接受訓練。(4)非專職教育家諮詢中心，由行政人員、知識專家等組成，他們創設一種進行教育交流的教育網，向家長和學生提供關於知識標準和新思想獲得的途

徑的建議。在這種網絡中，學習是學習者自覺自願的行為，不再由社會操縱。社會成員之間的關係是一種自發的宴飲交際的關係，學習也是宴飲交際生活的一部分。這也是教育在其初始時的狀態。

雖然伊里奇的理論有十分嚴重的空想成分，但是，他的理論對現代教育體制和現代性工程的合法性提出了尖銳的質疑，向「非學校化」社會的努力可以被看成是「解構現代化社會」的重要步驟，⑯也是後現代狀況的一種反映。

結語

後現代主義對現代教育的批判，實際上反映了對現代主義本體論和認識論的懷疑，以及對灌輸這些本體觀和認識論的制度的質問。它將整個現代教育的基礎及構件都作了淋漓的肢解，提出現代教育既不具有合目的性又不具有自我合法性。

雖然後現代主義對現代主義教育目的觀、認識論基礎和教育制度的批判與現代思想（如馬克思）對教育的批判，有相似之處，比如傅柯的話語理論中所論述的理論與實踐的關係就頗有馬克思主義的味道。但是，如果我們仔細分析就會

---

⑯David A. Gabbard, "Ivan Illich, Postmodernism, and the Ecocrisis : Reintroducing a 'wild' Discourse", in *Educational Theory*, 1994, No.2, p.174.

發現，傅柯所尋求的不是具有一貫性的「規律」和合理性，而是在斷裂之處尋找不被人注意的史實來剖析事件或制度背後的實質。再比如，布迪厄通常被人們稱作新馬克思主義者，但他的理論並非僅僅對資本主義社會適用，而是揭示了所有現代性占主導地位，以大規模生產和消費爲特徵的社會中的教育體制中不可避免的篩選和分層的功能。後現代主義的這些批判將現代教育中存在的問題從各種角度挖掘出來，爲教育的走向提供了難題，也爲重新考慮教育問題提供了理論武器和方法。後現代主義在思考教育問題時所採用的追本溯源式的系譜學方法，它所揭示出來的現代教育的弊端，都成爲教育家們提出多種教育構想的契機和先導。教育家們根據後現代主義對現代教育的這些根本性思考，結合後現代狀況的矛盾和要求，提出了各種後現代課程觀、後現代教育學和後現代學校管理觀，試圖爲教育的前景提供有別於現代主義的思路。

第三章　後現代課程觀概覽

　　隨著後現代狀況的來臨和後現代主義的興起，在西方社會（尤其是美國）出現了各種後現代課程觀。這些課程觀可以從兩種視角來考察。一種是廣義的視角，即強調後現代狀況的特徵，以及後現代狀況下出現的各種課程理論（包括一些採用了現代主義哲學的課程理論）的視角。另一種是狹義的視角，即考察那些強調自己的理論是站在後現代主義的立場上的，並應用了後現代主義的假設來建構「後現代課程論」的課程觀。本書試圖從廣義的視角來考察後現代課程觀，將後者的理論作為前者的諸種理論中的一個流派、一種說法來看待。

　　從廣義的角度來看，後現代課程觀主要指那些關心在後現代狀況下，如何建構一種新的課程典範，以擺脫現代主義教育所帶來的弊端問題的課程理論和觀點。因此，其產生的背景包括後現代狀況以及在此狀況中出現的理論背景。在西方國家中，由於美國的歷史較短，並且具有多元文化的特徵，因而成了後現代課程觀的主要陣地。並且，由於課程理論的世界性趨同趨勢，選取有代表性國家課程理論在這方面的發展亦會具有窺一斑見全貌的效果。因此，本書將以美國當代課程理論為主要對象，兼顧一些其他國家的課程理論動

向,來剖析後現代課程觀產生的理論背景。在此基礎上闡述
和分析後現代時期的課程開發原則和特點。

第一節　後現代課程觀的理論背景

　　後現代課程觀的出現並非是突然的。事實上,在後現代
狀況的各種特徵出現以後,現代主義的課程和學校教育由於
不再能夠與時代的變化趨勢相合,教育領域出現了許多問
題,因而也湧現了一大批試圖提出新的教育理論以便重構教
育的理論家。這些理論都或多或少地反映了後現代狀況的要
求,因而廣義地說都帶有後現代色彩。而這些理論之間的觀
點雖然分歧很大,甚至相互之間爭論激烈;但它們也有一些
共同之處,正是這些共同之處導致了當代課程觀明晰的後現
代方向。

　　在美國,應後現代狀況而出現的課程理論變革始於從70
年代開始的概念重建運動。皮納(W.Pinar)是該運動的始
作俑者。1975年,皮納出版了《課程理論化:概念重建主義
者》一書,指出了美國現代主義課程所帶來的十二個方面的
弊端,❶提出要根據「課程」這一概念的原意,並結合最新
的哲學、心理學思想來對課程進行「概念重建」。皮納認
為,傳統課程的誤區在於曲解了課程的意思,必須根據課

---

❶ W. Pinar, *Curriculum Theorizing: The Reconceptualists*, (Berkeley, C A: McCutchan, 1975), pp.359－383.

程（curriculum）這個概念的詞源"currere"來重新界定課程。"currere"的原意是「在跑道上奔跑」（to run the racecourse），是一個動詞，一種活動，一種內心世界的旅行。而現代課程觀卻將其斷章取義，只注重其詞源中的名詞"racecourse"，而忽視了其最重要的本質"run"。事實上，以「奔跑」為重點的課程的意思是必須強調培養個人在重塑自己的人生經歷方面的能力。他提出，組織課程的方法由四種反思個人經歷方面的步驟組成：

1. **回憶性反思**（regressive reflection）。回憶過去，尋求自己之所以會成為現在的原因。

2. **前瞻性反思**（progressive reflection）。想像自己今後的生活或行動的可能性，以便對目前的行動作出決定。

3. **分析性反思**（analytical reflection）。分析當前的個人狀況或處境與過去及未來的各個層面的複雜關係。

4. **綜合性反思**（synthetical reflection）。將以上三個步驟的思考綜合起來，作出思想和行為上的決定。

皮納的課程觀結合了許多當代哲學思想，如胡塞爾（E. Husserl）現象學中有關生活世界和主體間性思想以及現象學的還原方法，沙特（J. P. Satre）存在主義中有關個人存在的思想，以及高達瑪（H. G. Gadamer）詮釋學中有關視界交融的思想等等。

皮納所倡導的概念重建運動在70年代晚期曾經贏得了一

大批支持者，包括格魯梅特（W. Grumet）、格林（M. Greene）、休伯納（D. Huebner）等人，到了80年代，他又網羅了一批學者到他所在的路易斯安那大學來進行課程的概念重建工作，這批學者包括威森（T. Whitson）、羅曼（L. Roman）、麥卡錫（C. McCarthy）、多爾（W. Doll）、戴格瑙特（J. Diagnault）等人。但是，隨著該運動所取得的初步勝利，從80年代起，課程的概念重建運動的擁護者之間出現了分化，從而宣告了課程概念重建運動的式微。❷

　　課程的概念重建運動雖然已經式微，但是，它提醒了教育者們再也不能堅持非歷史的、非人性化的、孤立的「行為目標」；必須將探究知識及意義的過程與教師和學生的個人經歷緊密地結合起來。並且，它所採用的與哲學話語聯繫起來的探究課程的方法也影響了此後興起的各種後現代課程理論。正如斯萊特雷（P. Slattery）所說的：「課程研究的概念重建運動以來，課程理論領域就開始將哲學話語結合到課程研究和教學研究的每根經緯中去。」❸我們甚至可以說，後現代課程觀是概念重建主義課程觀精神的進一步貫徹，因為其理論的倡導者們是根據自己的「思想履歷」和所

❷W. Pinar, *Contemporary Curriculum Discourse*, （AZ： Gorsuch, Scarisbick, 1988），轉引自，P. Slattery, *Curriculum Development in the Postmodern Era*.（Garland Publishing Inc., 1995），p.63.

❸P. Slattery, *Curriculum Development in the Postmodern Era*.（Garland Publishing Inc., 1995），p.151.

贊同的哲學思想，提出了各不相同的課程觀思想。

正如皮納用「currere」一詞來對課程觀進行概念重建一樣，後現代狀況下的各種教育理論都有集中體現其精神的一個獨特概念。例如伯柏斯（N. Burbules）提出了「教學中的對話（dialogue in teaching）」的概念；查理霍爾姆斯（C. Cherryholmes）提出「批判的實用主義（critical pragmatism）」的概念；諾丁斯（N. Noddings）提出了「關愛（caring）」的概念；弗萊雷（P. Freire）提出了「實踐（praxis）」的概念；斯坦利（W. Stanley）提出「為烏托邦服務的課程（curriculum for utopia）」的概念；金切里奧和皮納（J. Kincheloe and W. Pinar）提出「關於場的社會心理分析（social psychoanalysis of place）」的概念；格林（M. Greene）提出「廣泛的覺悟（wide awakenness）」的概念；哈伯瑪斯（J. Habermas）提出「解放性知識（emancipatory knowledge）」的概念；高達瑪（H. G. Gadamer）提出「視界交融（fusion of horizons）」的概念；多爾（W. Doll）提出「變革性發展（transformative development）」的概念；吉魯（H. Giroux）提出「邊界教育學（boader pedagogy）」；麥克萊倫（P. Mclaren）提出「賦權（empowerment）」的概念等等。

這些概念表明，後現代課程觀不會再固守傳統的一種或幾種模式，而是非常多樣化的。事實上，對後現代課程開發有啓發意義的理論有很多，例如：存在主義、現象學、後結

構主義（與解構主義）、批判理論（與新馬克思主義、社會重建主義）、詮釋學（與符號學）、實用主義（與批判實用主義、新實用主義）、過程哲學（與建構的後現代主義）、混沌理論（和複雜性、新物理學）、女性主義（生態女性主義）、多元文化主義等等。無論是應用哪種理論的後現代主義課程觀，都是為了拓寬在課程和教學方面的思路。同時，從它們所運用的理論的多樣性和這些所關注的問題多元化可以看出，後現代課程觀再也不像泰勒課程理論那樣只注重課程的目標及目標的實現問題，而是關注學習過程中的個人發展過程、歷史、政治、宗教、生態和社會情境。

由於後現代課程觀與其他理論和學科，尤其是哲學的緊密聯繫，其課程開發的重點因而發生了變化。它們注重有助於理解課程在文化、歷史、政治、生態平衡、美學、神學等方面對人類狀況、社會結構和生態領域的影響，而不是課程的規劃、設計、實施和評價。

並且，後現代課程開發過程中，所引入的哲學不再是追求永恆真理的學科，不再是體系化、後設敘事式的哲學，而是作為一種促成公正、同情、自我探索、批判性思維、提供力量、並且對生態環境進行維護的機制的哲學，用羅逖的話來說，是「小寫哲學」，而不是「大寫哲學」。這種哲學強調感受性、歷史背景、在情境中的意義以及自由的實踐，為後現代課程開發提供了各種反思的通道。

這樣，由於後現代視角模糊了課程理論和教育哲學之間的界限，課程理論領域出現了許多觀點非常不同、但與當代

哲學密切相關的派別：概念重建主義課程觀、政治理論主義課程觀、女性主義課程觀、新馬克思主義課程觀、多元文化主義課程觀、後結構主義課程觀、解構主義課程觀、建構的後現代主義課程觀等等，雖然這些課程理論彼此之間分歧很大，但是，它們都很明顯反對傳統主義、永恆主義、本質主義、保守主義等在80年代的西方課程改革中占據優先地位的現代主義課程觀流派。甚且，由於這些課程流派都可以算是後現代狀況之中的變革性課程理論，因此，雖然其中有一大部分所借鑑的哲學理論都並非是完全的後現代主義理論，本書還是將它們納入後現代課程觀之列。

　　後現代課程觀的種類繁多，根據各種後現代課程觀所關心的問題和理論取向，筆者認為以下三個主題在後現代課程觀中比較具有代表性。這三個主題是：

1.討論如何使課程設置注重人與人、人與自然的相互依存的關係並為維持生態服務。

2.探討現代主義民主平等思想的實質及侷限性，試圖使課程在後現代狀況中為達到民主、平等等烏托邦理想而服務。

3.反思現代主義課程論中封閉的、簡單化、機械的課程開發和設置方式對人的發展的限制和危害，試圖建立以混沌學和無限宇宙觀為基礎的後現代主義課程觀。

以下本書將分別討論與這些主題有關的後現代課程觀。

第二節　以注重相互依存和維持生態爲主題
的課程觀

現代主義（尤其是其科學至上主義傾向）對自然所採取的對立態度所導致的生態環境的嚴重惡化和整個人類生存狀況的危機，使許多教育者提出了注重相互依存以及爲維持生態而服務的課程觀。

首次提出這種課程觀的著作是卡普拉（Capra）的《轉折點：科學、社會和新文化》。❹他在該著作中指出，現代科學的理論和方法，會導致人性的毀滅。只有採取將科學與人類精神結合起來的後現代世界觀，才能將人類的未來導向和諧的全球村。人類所生活的世界是一個生理現象、精神現象、社會現象和環境因素都相互依存的世界。我們必須採取生態學的世界觀來看待世界和進行課程設計。

他指出，現代主義教育的特徵集中體現於泰勒的課程原理：行爲目標分類；不以環境爲轉移的客觀知識；外設的競爭性評價；將教師與學生、意義與情境、主觀個體和客觀知識、身體與精神、學習與環境割裂開來的二元論方式；透過價值中立的知識傳遞過程來獲得進步的線性發展模式。他們所傳遞的現代主義的思維模式和技術至上的意識形態是生態危機的根源。必須意識到生態問題的嚴重性，開發促進人類

---

❹Capra, *The Turning Point* ： *Science, Society, and the Rising Culture* , 1982.

之間以及人類與世界之間的和諧互動關係的課程觀。

　　在卡普拉等人的倡導下，一些課程理論家們以各種形式各自提出了注重相互依存和生態主義的課程觀。其中，格里芬提出了「神聖的聯繫」（1990）；鮑爾斯和弗林德斯（C. Bowers and D. Flinders，1990）提出「反映式教學」；奧爾（D. Orr，1992）提出了「生態脫盲」；米勒（J. P. Miller，1988）提出了「整體性課程」；金切里奧和皮納（1991）提出了「作為場的課程」；雷格尼爾（R. Regnier，1992）提出了「神聖的循環」；鮑爾斯（1987）提出「後自由主義教育理論」；凱森（K. Kesson，1993）提出了「批判的過程課程」；米勒（R. Miller，1993）提出「激勵性的整體觀」；奧里佛和杰士曼（D. Oliver and K. Gershman）提出了「相關多元性的統一」等等。這許多課程學家觀點的共同之處在於，他們都注重整體觀和生態觀。其中對後現代課程實踐具有重要意義的特徵表現在：

　　㈠促使課堂內部關係發生轉變。在後現代教育的課堂之中，最主要的經驗是反觀性對話、自我履歷的開拓、非對抗性的討論、合作調查和問題探究，而不是知識的傳授。教師與學生的關係是合作的探究者和平等的對話者。學生自己要求自己，課程的重點是學習和自我發現而不是分班分級、獲取學分。反對傳統現代主義的課堂模式，尤其是排列成行列的課堂管理模式，認為這種方式是為現代主義的社會控制和社會分層服務的。

　　㈡促使課堂與社會的關係發生轉變。後現代整體性生態

觀的課程反對課堂與社會之間的人為劃界。後現代教學注重知識之間的關聯、學習經驗、自然界以及生活本身。因此，它提倡實地考察、到大自然中去研究、參觀博物館、邀請校外人員來講座等方式。雖然現代教育中有時也運用這些教育方式，但只是將它們作為一種輔助的教學手段，一種可資利用的教育資源。因此，即使現代教育中使用這些方式，課堂與社會的界限依然是很明確的。而在後現代教育中外環境和經驗之間的內在聯繫是最重要的，社會是課堂，課堂亦是社會，兩者並非涇渭分明。

　　㈢注重學校建築、教室佈置、自然環境和學生的內心環境的建構，以便更徹底地貫徹生態的內部聯繫和整體和諧的原則。

　　㈣提倡循環式的教育。這種循環被雷格尼爾稱為「神聖的循環」。他參照懷德海的過程哲學，指出人的發展、學習、教學和課程都是過程，都在不斷的發生之中。因此，我們可以建構一種反映現實中動態的、相互依存的、循環的性質的課程觀和教育學。在這種教育學中，教師作為學生的良師益友參與學生們自我反思的學習過程，也參與學生與自然、社會、他人之間的循環關係。在這一過程中，教師不再是主導和操縱因素。

　　㈤將生態意識整合到整個教育過程中。強調這種觀點的著作有：《反應性教學：語言、文化和思想的生態課堂模式》（鮑爾斯和弗林德斯，1990）；《教育意義新考：對當代生態危機的回應》（米勒，1993）；《生態脫盲：面向後

現代世界的教育和變革》（奧爾，1992）；《作爲社會心理
分析的課程：場的重要性》（金切里奧和皮納，1991）等
等。他們認識到，教育必須超越當前的實踐並注重環境保
護。現代性所造成的生態惡化和心理危機必須透過建立後現
代的教育典範來解決。在這一典範中，必須將「生態脫盲」
作爲中心問題。❺這意味著重新樹立古代的「美德」的概念
並且強調每個人都是宇宙的一部分，都是與外界密不可分
的。這樣道德哲學就成爲後現代整體性生態課程中的重要組
成部分。將生態的概念貫穿所有課程和教育過程不僅指關注
個人的外在生態的平衡和保護，而且指注重個人內部的生態
平衡。金切里奧和皮納指出，人的行爲只有與人的潛意識動
機聯繫起來才能夠被理解。後現代教育對個人內部生態的關
注點不僅應包括體育、情感、心理場，還要包括潛意識。

　　另外，其他國家課程理論，如澳大利亞維多利亞大學的
高夫（N. Gough）所提倡的生態政治課程觀❻，日本尾關
周二等人提倡的以共生的哲學基礎的課程觀❼，已經取得世
界性影響的地球市民論❽，德國克拉夫基所作的對國際教育

---

❺D. Orr, *Ecological Literacy*： *Education and the Transition to a Post-modern World*, Albany： State University of New York Press, 1992.

❻ N. Gough, " From Epistemology to Ecopolitics： Renewing a Paradigm for Curriculum ", in *Journal of Curriculum Studies*, 1989, No. 3,pp. 225－241.

❼〔日〕尾關周二，《共生的理想：現代交往與共生、共同的思想》，卞崇道等譯，中央編譯出版社，1996。

❽鍾啟泉，《地球市民論與課程》，載《外國教育資料》，1996年第三期和第四期。

的設想❾等等，也都是圍繞這些主題所進行的思考。

　　總之，注重相互依存和爲生態服務的課程觀關注各種因素的相互關係、深層的生態、整體性的互動關係以及自然而然的發生過程。它要求教育者們將全球性的相互依存關係和生態的調節、保護問題作爲課程和教學的重點。

第三節　以平等、民主等烏托邦思想爲主題的課程觀

　　這類課程觀主要包括批判理論和女性主義理論，其論點帶有政治性。從80年代起，這類理論在課程領域中占據了重要地位，其中，美國的艾普爾（M. W. Apple）是該派別的早期代表人物之一。他在1979年出版的《意識形態與課程》一書中，提出了一種注重物質生產、意識形態價值觀、階級關係、社會權力關係中的種族、性別和政治經濟關係，以及這些問題對人的意識形成的影響的課程理論。他試圖「描述那些盛行的結構機制，即對人民、各種機構、生產方式、分配和消費進行組織和控制的方式，是如何具體地對文化生活進行控制。學校、教學和課程其實被涵蓋在這些機制的日常實踐之中。」❿

　　事實上，圍繞這些主題，許多教育理論家都參與揭露權

❾〔德〕克拉夫基《現代世界的核心問題和教育的任務——對國際教育的設想》，彭正梅譯，載《外國教育資料》，1996年第六期。

❿ M. W. Apple, *Ideology and Curriculum*, London：Routledge and Kegan Paul, 1979, p.2.

力控制和社會中的不平等現象的根源，提倡平等精神、民主
意識和自由解放等烏托邦理想的教育思想的理論構建。其中
比較有影響的教育理論家包括：艾普爾、鮑爾斯、金蒂斯
（H. Gintis）、高登（B. M. Gordon）、韋克斯勒（P.
Wexler）、柏拉梅爾德（T. Brameld）、斯坦利、弗萊
雷、麥克萊倫、考索爾（J. Kozol）、阿羅諾維茨（S.
Aronowitz）、韋利斯（P. Willis）、卡爾森（D.
Carlson）、韋斯（L. Weis）、金切里奧、吉魯等等。他們
所提出的理論屬於批判教育學理論的範疇。其理論源泉則是
批判理論。

　　批判理論不是一個系統的思想體系，但是卻有一些共同
的假設。這些假設包括：所有思想都與權力關係密切相關；
這些權力關係是社會的壓制機制的組成部分；事實與價值觀
是不可分割的並且深受意識形態的影響；語言是主體形成的
重要因素；批判性脫盲（在社會系統和結構中傳達自己的想
法的能力）比功能性脫盲（處理和應用訊息的能力）更重
要；壓制的基礎是既得利益者的知識符號與實踐的再生產等
等。

　　批判教育學者則從不同的視角，來剖析教育中與以上觀
點相關的問題。

　　鮑爾斯和金蒂斯⓫剖析了社會中分層機制和教育的分流

⓫C. A. Bowers & H. Gintis, *Schoolig in Capitailst America*, New
　York：Basic Books, 1976.

機制之間的對應關係。他們認為學校是為階級關係和經濟秩序的再生產服務的，並未促進社會流動。

　　高登⓬則站在有色人種的立場上，支持他們的觀點。她指出：美國社會「靠個人奮鬥獲得成功的意識形態」是為美國白人服務的，事實上有色人種要獲得成功，受到的限制更多也倍加艱辛。美國的教育是一種種族主義和精英主義的混合物，是為資本主義制度服務的。完全真正的民主只有在所有的人民都具有參與民主的意識和知識，並且政治和經濟機會對每個人都平等開放的前提下才能實現。而課程則必須讓學生了解權力，掌握運用權力的方法，培養積極參與社會生活和建設民主社會的願望。

　　如果說以上幾位只是分析社會中的不平等現象與教育之間的對應關係，並提出一些烏托邦設想的話，那麼，其他的一些理論家則進一步提出了透過教育抵抗社會不平等、向民主平等的烏托邦社會靠近的具體措施。其中的典型代表之一是吉魯，他提出了後現代主義邊界教育學及課程，指出必須使課程成為學生和教師穿越文本（text）以及意義符號的邊界的工具，透過後現代的逆文本和逆記憶等策略來抵抗現代主義教育制度中所慣有的不平等和壓制現象，以便向人的自

⓬B. M. Gordon, " The BootStrap Ideology of Educational Reform : What the Recent Say about the Current and the Future of Blacks in Higher Education ", in C. M. Shea, E. Kahane, & P. Sola（eds.）" The New Servants of Power : a Critique of the 1980s school reform movement ", New York : Greenwood, 1989, pp.87－102.

由解放的目標靠近。

　　淵源於法蘭克福學派的新馬克思主義的批判理論及其教育學認為，原先的學校課程和課程理論是階級結構再生產的幫兇，必須用解放性的教育學和課程觀來取代它們。弗萊雷的《被壓迫者的教育學》是該派別的「經典」著作。他指出，進行能力分組的教育是一種壓迫工具。在這樣的教育機制中「學生成了被處置者，而教師成了處置者。」❸為了抵抗將教育作為社會等級和階級再生產的工具的制度，有必要進行賦權和實現解放；必須徹底拒斥能力分組式的教育，代之以提問式的教育。在這種教育中，將人作為與整個世界聯繫著的有自覺意識的存在來看待。這種教育是一種「解放的教育」，它「由認識活動組成，而不是透過訊息的傳遞來實現」。❹其中自覺的批判意識便是批判教育學的核心概念之一。

　　批判教育學不僅提倡開發學生的自覺批判意識，它的提倡者本身從自己在學校教育中的經歷出發，進行自覺的批判和反省，得到有關民主、平等的構想。考索爾就是其中一個。他的著作《早喪》❺就描述了他任教於波士頓公立學校教育處境不利的黑人兒童時所受到的不公正待遇。他僅僅因

❸ P. Freire, *Pedagogy of the Oppressed*, New York： Herder and Herder, 1970, pp.64－66.

❹ P. Freire, *Pedagogy of the Oppressed*, New York： Herder and Herder, 1970, p.66.

❺ J. Kozol, *Death at an Early Age*, Boston： Houghton Mifflin, 1967.

為使用了一位黑人詩人的詩集作教科書，就被解雇了。從此他就開始研究教育領域中的各類不平等現象及其根源，並提出在明確現代課程造成社會不平等的實質的同時，必須超越現代課程的桎梏，使課程為眞正的平等服務。**⑯**

批判教育學的另一位重要代表人物是麥克萊倫，他也是從自己的經歷中得出批判教育學的想法的。他在其著作《學校生活：教育基礎中的批判教育學引論》中，曾指出：「在我試圖去了解學校教育實質的過程中，我深深地被一些社會學理論所打動，這些理論試圖闡明學校教育是如何對處境不利兒童的生活進行權力、合法地位和確認性的消解。在此基礎上，我發現學校透過『隱蔽課程』將學生箝禁在『權力的符號學』中，並限制少數民族、女性和窮人的發展。同時，我也意識到，學校能夠透過一種解放的方式來賦予學生以權力，使他們去自我完善，或如弗萊雷的所說的，去『在閱讀語句過程中閱讀世界』。」**⑰**

在該書中，麥克萊倫討論了兩個重要問題：⑴為什麼批判教育學對於90年代的學校教育具有重要意義？⑵在摒棄了傳統課程理論和主流教育理論之後，我們在課堂中的所作所為與我們建立公平社會的努力之間的關係如何？

他的主要論點是：

---

⑯J. Kozol, *Savage Inequalities : Children in America Schools*, New York : Crown, 1991.

⑰P. McLaren, *Life in Schools : An Introduction to Critical Pedagogy in the Foundations of Education*, New York : Longman, 1989, p. x.

---

1. 隱蔽課程，即學校教育過程中不被包含在由教學大綱、教學計畫、課堂教學以及教師指導組成的正式課程中但對學生起作用的因素，對學生的影響比顯性課程的影響更大。

2. 批判教育學對教育內容的劃分來源於哈伯瑪斯的社會理論。哈伯瑪斯將知識分為：技術性知識、實踐性知識和解放性知識。其中解放性知識是幫助學生理解社會關係是如何在權力關係下被操縱和扭曲的知識。它是批判教育學的核心。

3. 批判教育學具有辯證的本質。即學校不應只是社會關係再生產的場所，它也能夠成為對學生進行賦權的文化領地。它具有控制和解放的雙重性質。

4. 批判教育學直接指向改造與解放的興趣。它試圖將人們從被視為理所當然的社會習俗、信念、運作模式的意識形態中解放出來，得到自由的發展。

　　因此，在今後（90年代）的學校教育中，必須採用批判教育學，以便溝通隱蔽課程和顯性課程的關係，透過對解放性知識和解放的興趣的重視，實現借助學校教育來達到人的解放和社會公平的目標。

　　在麥克萊倫與吉魯合編的著作《在邊界之間》中，許多同情批判教育學的學者（包括一些女性主義者）都從反對壓迫、促進解放的角度，研究具體的教育問題。其中的論文有狄森（M. E. Dyson）＜像麥克那樣？麥克爾·喬丹與慾望的教育學＞，胡克斯（bell hooks⓲）＜愛洛斯、情慾與教

育學過程＞等等。而麥克萊倫自己則撰文論述多元文化與後現代批判的關係，試圖倡導以抵抗和轉化爲目的的教育學。

　　源於批判理論，但明確地從後現代的角度提出課程觀的學者主要有斯坦利，他從後現代視角來看待概念重建問題，並在此基礎上提出了爲烏托邦而奮鬥的教育學。他的烏托邦課程觀堅持以下要點：必須激發學生進行實際判斷的能力；爲了避免使賦權和社會變革本身成爲問題域，必須進行持續的批判；爲了實現人類的興趣，必須從最微小的社會文化狀況著手以求改變；認爲課程中的一些控制方式，如性別主義、反同性戀、種族主義、審查制度、政治壓制以及獨白式的課程內容和方法，歪曲並限制了人類興趣的實現；肯定人類的苦難必然導致對他人的同情。❶

　　除此之外，後現代女性主義教育學的課程思想也是爲了實現平等（其中後現代本質論女性主義教育學試圖透過對權力概念和知識問題的重新探討，使課程爲實現男女之間的平等服務❷），建設完全不同於現有的教育狀況和社會狀況的烏托邦（以諾丁斯爲首的後現代構成論女性主義，試圖以關愛爲核心來營造課程以達到這一目的），也都提倡或暗含了

---

❶bell hooks 是美國黑人女性主義者，她堅持用小寫字田寫名字，以表明對男性社會的慣例的反抗姿態。

❶W. Stanley, *Curriculum for Utopia：Social Reconstructionism and Critical Pedagogy in the Postmodern Era*, Albany：State University of New York Press, 1992.

❷C. Luke and J. Gore ed., *Feminism and Critical Pedagogy*, New York, Routledge, 1992.

這類課程觀。

　　對於其他資本主義國家來說，以這種觀點為主題的課程觀也非常普遍，並且在英、法、德等國都有其代表人物，如英國的楊（M. F. D. Young），法國的布迪厄，德國的克拉夫基和萊姆普爾特（W. Lempert）等等，因觀點的相近和篇幅的關係，於此不一一論及。

　　總之，後現代時期提倡平等、民主和烏托邦的實現的課程觀，結合批判教育學的歷史遺產及新馬克思主義、後結構主義、解構主義、女性主義、後現代主義等理論進行討論並留給人們許多值得思考的問題。比如，如果要將平等觀、民主觀和烏托邦觀結合到教育中去，那麼後現代課程的重心應放在哪裡？後現代教育如何能夠超越現代主義對平等、民主和烏托邦的看法？等等。不管怎樣，他們的理論提供了藉由課程和教育來改善社會、文化和意識形態的可能性，是後現代課程觀的一種思路。

第四節　以混沌學和無限宇宙觀為基礎的課程觀

　　以混沌學和無限宇宙觀為基礎的後現代課程觀即所謂「真正的」後現代主義課程觀，其倡導者有多爾、格里芬等人。

　　混沌學理論的主要代表人物是伊・普里戈津（I. Prigogine）。他於1977年因其在非平衡系統中非線性過程的

耗散結構方面（混沌學的重要理論依據和組成部分）所作的
工作而獲諾貝爾化學獎。他的《從混沌到有序》一書是混沌
學的經典著作。該書的主要論點是：

　　以牛頓爲主要代表人物的現代科學認知典範試圖將宇宙
描繪成一個機器，一個以穩定、有序、均勻、平衡爲特徵的
運行系統，在這個系統中，所有的事物都按照能夠被人所發
現的普遍定律有規律地運行，因此，傳統科學強調的是封閉
系統和線性關係，在這種關係中，小的輸入總是產生小的結
果。而事實上，這種看法是片面的。宇宙的某些部分的確可
以像機器那樣運轉，當這種情況發生時，這些系統是封閉的
系統，而封閉系統只能組成物質宇宙的很小的一部分。事實
上，現實世界的絕大部分不是有序的、穩定的和平衡的，而
是充滿變化、無序和過程的沸騰世界，是開放系統。「一切
系統都含有不斷『起伏著』的子系統。有時候，一個起伏或
一組起伏可能由於正反饋而變得相當大，使它破壞了原有的
組織」。❷在這種時候根本不可能事先確定變化將在哪個方
向上發生。系統有可能分解爲混沌狀態，也可能會到達更高
的有序形式階段。這一階段被稱爲「耗散結構」階段。這種
過程是從無序和混沌中走向有序和有組織的過程，其機制是
「自組織」過程。自組織過程是從系統內部自發、富於戲劇
性的，在時間和空間上的物質的再組織過程。在這種過程

---

❷伊·普里戈津與伊·斯唐熱，《從混沌到有序：人與自然的新對話》，
　曾慶宏等譯，上海譯文出版社，1987，p.11。

中，占統治地位的是非線性關係，小的輸入能產生巨大而驚人的效果。這種自組織過程在遠離平衡的系統中發生。機器時代的科學所適用的範圍是平衡系統，而系統的平衡狀態比不平衡狀態的時候要少得多，平衡是暫時的，而不平衡卻是經常的。因此，必須將科學的思路擴大到有關無序、不穩定、多樣性、不平衡和非線性關係等問題上。並且，對教育尤為重要的一點是，生物系統和社會系統肯定是開放系統，這些系統一旦走向封閉，就意味著走向死寂。

　　與變化有關的問題還有時間問題和偶然性問題。普里戈津認為，時間具有「不可逆性」，而「可逆的時間」僅僅在封閉系統中才有可能性；在大部分情況下，時間是有方向的，「時間之箭」具有不可逆性。對於偶然性問題而言，在遠離平衡的系統中，偶然性會對變化起決定其分叉方向的作用。按照以耗散結構為基礎的變化理論，「當漲落迫使一個現存系統進入遠離平衡的狀態並威脅其結構時，該系統便達到一個臨界狀態或稱分叉點。在這個分叉點上，從本質上說，不可能事先決定該系統的下一步發展狀態。偶然性決定了該系統的哪些部分在新的發展道路上保留下來。而且這條道路（從許多可能的道路中）一經選定，決定論又開始起作用，直到達到下一個分叉點」❷。

　　普里戈津的理論因其對現代主義科學的質疑和批判，被一些後現代主義者視為後現代狀況的標誌。❷他的理論至少

---

❷同上，p.21.

有以下幾個方面可以對教育產生啓示：一是開放的及其變化的過程對教育的啓示；二是在他的理論中所包含的開放的、具有無限可能性的宇宙觀對教育的啓示；三是其時間觀對教育的啓示。

多爾認爲❷，當今的課程理論是以牛頓式傳統科學認知方式爲基礎的現代主義課程論，其主要樣式是強調目標明確的課程設計理論、線性教學單元、內容穩定不變的教材、分級分層的標準化評價方式等等。根據普里戈津的理論，這種課程論的實質是以牛頓式的簡單、穩定、永恆的認知觀爲基礎的，它將教育、課程和人假設爲穩定、封閉、平衡的系統，並在這種假設之中進行理論構架。而事實上，教育過程和人的發展過程都是以一種開放性的形成過程，處於不斷地進行平衡——不平衡——平衡之間的關係調整的過程之中。用現代主義的課程理論來進行課程實踐顯然不符合教育本身的特性，必須強調教育和教育與人的關係系統中作爲開放的、常常處於不平衡甚至遠離平衡系統狀態時的那些特性，將它們作爲重要的理論和實踐基礎來看待。

他提出，與現代主義課程的封閉性、簡單性和積累性的特徵相對立，後現代課程必須強調開放性、複雜性和變革性。❷

---

❷如，李歐塔的《後現代狀況》中第十三章專門論述了普里戈津的理論對後現代狀況的意義。

❷W. Doll, *Prigogine ： A New Sense of Order, A New Curriculum* , unpubished paper.

強調課程的開放性，即把課程看作是開放的系統，「開放的系統旣交流能量又交流物質，透過交流達到自我更新」。❷在這樣的系統中，流動、變化、干擾、錯誤不僅是發展過程中的難以迴避的組成，並且還是系統進行自組織的契機和源泉。「只有當干擾、問題、混亂出現時——當系統平衡被打破，需要重組以繼續運行時，一個系統才會進行自組織」。❷課程應隨時考慮到這些因素的存在和影響，利用自組織的作用，促成學生學習和成長過程中的突變。在這種過程中，時間是一個重要的因素，只有「當感知干擾的氣氛或框架足夠寬鬆，沒有要求『迅速』成功的壓力時，當在這種氣氛中能夠研究（甚至是玩）各種不同的細節時，當時間（作爲一種發展因素）充分得足以形成新框架時，干擾才會成爲積極的因素」❷，自組織過程才能開始。這樣，後現代課程論的理論角度與皮亞傑的發展理論、杜威的實用主義課程理論以及懷德海的過程理論就具有了契合之處，而對泰勒的封閉式課程與敎學的四大基本原理以及布魯姆的行爲目標分類理論則不能苟同。❷

強調課程的複雜性意味著反對簡單的、二元論的、機械

---

❷W. Doll, "Foundations for a Post - modern Curriculum", in *Curriculum Studies*, 1989, No.3, pp.243-253.

❷Ibid, p.246.

❷W. Doll, *A Post - modern Perspective on Curriculum*, (New York: Teachers Colledge University Press, 1993), p.163.

❷Ibid, p.166.

論的宇宙觀。反對主客觀之間的對立、認知主體和客體之間的簡單關係和線性關係，反對人為的機械分解，反對教師與學生之間的對立關係。從混沌學的發展理論來看，發展過程是不斷分叉的過程，其影響因素是網狀的，由多種因素的交互作用組成，形成綜合的影響。在這樣的網絡中，尤其是系統處於不平衡狀態時，任何內部或外部因素的變化，甚至是微小的變化都會引起多重反應，甚至導致系統的質變。對學習過程而言，認知者是認知網絡的組成部分，而不可能超然於認知對象之外，認知者不是作為旁觀者，而是作為具有獨特的價值觀、目的、信念等原有經驗的積累，以及其獨特的認知方式的個體與認知對象進行對話和交流。用高達瑪的詮釋學來說，是一種「視界交融」的過程。在這樣的認知或學習過程中，學習者對這些交流達到領悟的綜合性瞬間是最為關鍵的節點。因而教育方式就應該發生變化，教師與學生的關係不應該再是權威的闡釋者和被動的接受器的關係，教師的權威地位必須受到挑戰。他們在教育過程中應該處於「平等中的首席」的地位。「作為平等中的首席，教師的作用沒有被拋棄，而是得以重新構建，從外在於學生情境轉化為學生情境中的一個組成部分」。❸學生則是根據自己的興趣、需要和觀點直接與客觀世界進行對話，在教師的指導下

---

❷ W. Doll, *A Post - modern Perspective on Curriculum*, (New York：Teachers Colledge University Press, 1993), chapter 3, chapter 5, chapter 6, chapter 2.
❸ Ibid, p.167.

共享認識實在的課程發展活動。在這樣的教育過程和學習過程中「所有的參與者都成爲課程的創造者和開發者」。❸❶課程內容不再是絕對客觀和穩定不變的知識體系，課程的目標也不再是徹底預定的，課程是師生共同探索新知的發展過程，也是不斷促使變革性發展（自組織意義上的發展）的過程。

後現代主義課程理論在強調變革性發展向度上有「三個重要假設，這三個假設是：內在性、自發性和模糊性」。❸❷

內在性指系統的發展過程主要是一種內部的發展過程，「秩序透過相互作用從內部發生。」❸❸外部力量作用的目的只是爲了與內在狀況相互作用，而不是強迫性地要求達成某些目的。由於這種內在性，教育和課程的「目的、規劃、目標不僅單純地先於行動而是同時產生於行動過程中」。❸❹這樣，課程規劃就必須考慮具體課程對象的內在狀況和變化。

自發性指自組織過程中突變的特性，在變革性發展的發生過程中，系統從遠離平衡的狀態到形成新平衡的過程是突然發生的，雖然在變革發生之前需要相當長的準備時間。這要求教師將支持性行爲和挑戰性行爲結合起來，適時

❸❶Ibid, p.16.

❸❷W. Doll, " Foundations for A Post – modern Curriculum ", in *Curriculum Studies*, 1989, No.3, p.249.

❸❸W. Doll, *Prigogine*：*A New Sense of Order, A New Curriculum*, unpubished paper, p.13.

❸❹W. Doll, *A Post – modern Perspective on Curriculum*, （New York：Teachers Colledge University Press, 1993）, p.170.

誘發學生內部的不平衡以圖達成新的發展。課程應給予學生
自組織的時間和機會,在最有利的時機引發學生的內部重
組。多爾指出:「後現代課程認可學生自身的組織和重組能
力,並將這種能力的培養作為課程的焦點」。㉟這種突變性
還要求評價不能以量化標準來進行,必須注重個體自身的發
展狀況,注重質的變化。

　　模糊性指在系統處於不平衡到平衡狀況之間的過程中,
很多偶然因素都有可能引起系統向不同的方向發展,固定的
目標是很難達到的。在課程規劃中,目標不能是固定不變
的,而只是提供路標式的指導。在課程實施過程中,目標、
內容、教師、學生都會經歷各種變化,在不斷的探究過程中
調整和形成發展的方向。在這樣的過程中,課程不再是確定
的知識載體,而是發展過程,教學方法也從灌輸和闡釋為主
轉向注重隱喻和描述。

　　總之,多爾將混沌學理論充分地應用於課程領域,為現
代主義課程向後現代主義課程開發過渡的「自組織」過程提
供了廣闊的思路。

　　除多爾之外,格里芬等人所倡導的後現代主義也是一種
建構的後現代主義,對後現代主義的課程建構也提供了許多
啓發。格里芬㊱指出,現代主義科學認知觀導致了機械論哲

㉟W. Doll, " Foundations for A Post－modern Curriculum ", in *Curriculum Studies*, 1989, No.3, p.250.

㊱〔美〕大衛·格里芬編,《後現代科學——科學魅力的再現》,馬季
方譯,中央編譯出版社,1995,引言:科學的返魅。

學和袪魅的思想，而事實上這種思想並不符合宇宙本身的狀況，由於宇宙的無限性、有機性和神秘性，我們不可能用二元論和唯物論來窮盡眞理。他說：「二元論和唯物論都是不可理喩的。但是，如果自然的基本單位是無知覺之一現代前提而被人們所接受，那麼二元論和唯物論就成了唯一的選擇。這一事實表明，這個支撐著關於世界袪魅的現代觀點的前提是荒謬的。」❸後現代課程必須注重有機論和科學的統一，注重將哲學、社會學、科學史學以及科學本身的諸多發展相融合，注重各種不同的闡釋世界和宇宙的方式，將唯心論、神學和靈學等被現代科學斥之爲僞科學的東西都作爲重要的組成部分來看待。其最終目的是達成一種「在宇宙有一種在家的感覺」。即「在後現代宇宙觀中，我們對人類和自然的理解是與企盼中的實踐結合在一起的，這種後現代宇宙觀的正式條件包括將人類，實際上是作爲整體的生命，重新納入自然中來，同時，不僅將各種生命當成達到我們目的的手段，而且當作它們自身的目的」。❸

在他的倡導下，布賴恩·斯溫❸（B. Swimme）提出必須採取新的教育方式。他指出，爲了人類的未來和宇宙的和諧，必須用講故事的方式來組織課程。在這裡，所要講的故

❸同上，第27頁。

❸〔美〕大衛·格里芬編，《後現代科學——科學魅力的再現》，馬季方譯，中央編譯出版社，1995，p.39.

❸斯溫，《宇宙創造的故事》，見〔美〕大衛·格里芬編，《後現代科學——科學魅力的再現》，pp.61-72。

事主要是宇宙創造的故事。他認為「講關於宇宙的故事這一活動應成為我們的行為的中心……透過講述我們宇宙的創造故事，我們要宣布一個人類和星球健全發展的時代的開始，因為我們發動了一場變革，以使人們擺脫這個——用格里芬的話來說——機械的、科學化的、二元論的、家長式的、歐洲中心論的、人類中心論的、窮兵黷武的和還原的世界」。❹必須反思原有的教科書內容，將所有的學科都溶入關於太陽的誕生、地球的演變、生命的物種以及人類文化等方面的故事中，使人類擁有共同的宇宙故事。他期望「未來的某一時刻，孩子們的教育都由宇宙故事的講述者來完成」。❹

　　從以上簡單的介紹可以看到，建構的後現代主義在課程開發問題上具有強烈的開放性傾向，為課程的多元化和反現代科學主義課程提供了新的角度。

結語

　　後現代是一個課程哲學對課程開發起著至關重要的作用的時代。在這個時代，教育家和課程理論家們根據自己的思想經歷所提出的各種課程建議，為多元化的後現代狀況提供了豐富的課程構想。這些課程觀是有一些共同之處的，例如，它們都試圖超越傳統的科層制課程，關心課程與具體教

---

❹同上，p.61。
❹同上，p.69。

育情境的聯繫，注重自己的視點的獨特性，以及重視個人的
發展經歷。並且，它們對課程開發的看法具有一些比較共同
的傾向。

　　首先，後現代課程觀注重過程，並且，由於它尊重每個
個體發展的獨特性、注重所有經驗之間的聯繫，它要求對學
校教育和教育經驗的概念進行重建。這種概念重建的本質在
於：它反對那些等級制、權威、父權制、霸權制的意識形
態，反對注重教育結果而不是過程和情境的課程。後現代課
程注重歷史、美學、種族、個人履歷、以及課程哲學問題，
這些問題從具體的研究者的角度看有獨特性和地方性，但其
影響卻具有普遍性意義。

　　其次，後現代課程觀普遍認爲，現代課程注重學校教育
的行爲目標、學習的分級、價值中立的知識、死記硬背、競
爭性學習環境的營造等特徵，不僅不再適應後現代社會的狀
況，並且對全球性的後現代教育經驗的構成是有害的。必須
改變課堂關係，使學生成爲教學中的主導者。在這種課堂關
係中，所注重的是關愛、分享、賦權、不斷嘗試和創新，教
育起激發作用而不是灌輸作用。

　　第三，解構的後現代主義（解構主義與後結構主義）促
使我們重新審視課程中的語言、知識和權力等問題；而格里
芬、多爾等人所倡導的建構的後現代主義，爲課程問題提供
了新的思路。後現代的課程開發由解構主義者與建構主義
者、男性與女性、各種不同種族的教師學者參與，充滿了對
話精神並結合了語言分析和過程哲學的觀點和方法。它爲教

育界提供了許多具體的選擇方案，為解決全球性的社會危機和教育危機提供了希望。

第四，後現代時期的課程開發注重從課程的原本意義（currere）來考察課程，反對傳授「具有普遍性」的「真理」，關注情境需要和變化，關注教育中可能遇到的任何實際情況。異化、頹廢、毀滅、邪惡等社會情境和生活情境中都可能出現又無法迴避的側面，以及其他現代教育中盡量迴避的吸毒、愛滋病、同性戀、情慾等方面的問題，都是課程設置所要關注的問題。政治性、社會性、和歷史性都成為課程開發和實施的重要關注點。

第五，後現代時期的課程開發過程中出現了結合詮釋學、現象學、社會心理分析、過程哲學、女性主義以及各種文化批評的話語的課程理論，它們對全球性的課程轉變將起促進作用。這些理論的融匯和結合將對後現代課程典範的發展起積極作用。

總之，後現代時期的課程觀雖然看上去五花八門、各持己見，它們之間並非需要建立絕對的原則和內部一致的課程典範，而只是為後現代時期的課程變革和教育變革提供嘗試性的意見而已。但是，有時候它們的觀點是相互影響和交叉的。它們都試圖揭示或避免現代主義課程理論和實踐的弊端，試圖順應後現代狀況的多元、複雜、快速多變對人所提出的要求，並試圖建構比現代主義課程理論更符合整個世界實際情況的課程，試圖在民主的社會情境中，以一種敏銳又不失寬容的態度重新建構人的本質、人與世界的關係、知識

領域、精神世界和倫理價值。後現代課程觀已經不是像現代
主義那樣的體系化的課程理論，它們只是指出了人們在判定
後現代狀況中的課程問題時所應該考慮到的一些角度，表明
了課程作爲教育的核心構件對人本身、人的生存環境和生存
狀況所可能起的指引作用或幫助作用。它們在對現實和未來
採取更爲開放態度的同時，仍然保持了對人類未來的樂觀期
望。由於它們所關心的問題直接關係到人類的存亡和生存質
量，這些問題已經成爲並一定會繼續成爲後現代課程的核心
所在。

第四章　後現代教育學思潮

　　由於本書是從廣義的概念來指涉課程，在這個意義上，後現代教育學其實可以說是後現代課程觀的組成部分，而本章的內容和觀點在上一章中已經有所涉及。在理解後現代教育學的過程中，我們將看到，並非所有的後現代教育學都百分之百地持後現代主義觀點，有些後現代教育學並不迴避現代主義思想中一些可以揚棄的一面。這其實是與後現代主義的基本觀點相符的。因爲，後現代主義所反對的，主要是現代主義中試圖占據主導地位的後設叙事方式及其自我標榜的「眞理」性姿態，它並不認爲後現代主義的出現必須以消滅現代主義爲基本前提，而是指現代主義僅僅作爲與其他各種話語平起平坐的思想方式出現，其思想中的值得繼承的東西在後現代狀況中依然可以占據一席之地，供人們參考和批評。另外，後現代教育學並非一定是「體系」性的教育學，它的叙述方式和基點有其特別之處，這應該是不足爲怪的。本章所要介紹和評點的，主要是後現代女性主義教育學以及後現代邊界教育學這兩種比較成熟的後現代教育學。

第一節　後現代女性主義教育學

「女性主義」（feminism）一詞源於英語，泛指歐美發達國家中主張男女平等的各種思潮。❶這一思潮的發展經歷了上百年的時間，從18世紀現代主義開始盛行以「人」作爲思考的對象開始，經典的女性主義就已經出現了萌芽並逐步成爲社會批判的重要思潮。隨著後現代主義的興起，女性主義運動進入了一個新的時期。其主要特徵是，否定了經典女性主義「男女平等」的概念，從「平等」觀走向「差異」觀，承認男女之間的差異，以此爲基礎，來分析男女性之間的關係，並從女性的獨特性出發，來看待人與人、人與自然、個人與社會的關係。後現代女性主義的興起在教育領域的反映，是形成了比較成熟的後現代女性主義教育學。

後現代女性主義教育學的倡導者包括艾爾斯沃斯（E. Ellsworth）、高爾（J. Gore）、拉什（P. Lather）、露易斯（M. Lewis）、柳克（C. Luke）、沃克丹（V. Walkerdine）、霍爾（S. Hall）、湯姆森（A. Thompson）和吉特琳（A. Gitlin）、諾丁斯（N. Noddings）、白蘭姬（Blenky）等人。❷其中艾爾斯沃斯、高爾、拉什、露易

---

❶《西方女性主義研究評介》，鮑曉蘭主編，北京三聯書店，1995年，p.21。

❷這一歸類參考了湯姆森（A. Thompson）和吉特琳（A. Gitlin）的文章：" Creating Spaces for Reconstructing Knowledge in Feminist

斯、柳克、沃克丹、霍爾、湯姆森和吉特琳的觀點可以視爲一種流派,即本質論的後現代女性主義教育學,而諾丁斯和白蘭姬等人的觀點可以劃入構成論的後現代女性主義教育學派別。❸

本質論後現代女性主義教育學

　　本質論的後現代女性主義承認男女是兩個對立的範疇,它們試圖運用後現代主義的一些概念和方法,重新討論男女不平等的起源和女性解放的可能性。因此,本質論的後現代女性主義教育學與批判理論有一定的淵源,並且與傳統女性主義關係比較密切。

　　傳統的女性主義的共同特徵在於:都承認現存社會結構是男權的,即女性權益服從於男性利益的權力結構,並以此爲理論的出發點。她們都十分重視對男女不平等的現象進行闡述,這主要包括:性別分工如何形成;在以性別爲依據進行分工的社會中,如何認識其社會的生產結構及兩性標準;

Pedagogy ", in *Educational Theory*, 1995, No.2, p.126.因文章作者企圖「加入到後現代女性主義對話的行列」(p.132),她們應該被算作後現代女性主義者。由於該文作者同情的後現代女性主義教育學觀點都傾向於近似的宗旨(本質論),並與邊界教育學的觀點接近,本文只是簡單地介紹一下她們的思想,而著重介紹另一類後現代女性主義教育學觀點,其代表人物是 Nel Noddings。

❸根據這些後現代女性主義者的觀點傾向,筆者借鑑＜平等與差異:西方後現代女性主義理論＞(《西方女性主義研究評介》,pp.1－18)一文中的分類方法,並結合筆者閱讀的其他後現代女性主義的著作(如,艾斯勒《聖杯與劍》),作出這一劃分。

女性解放的可能性和途徑。建立在各種現代主義理論基礎上
的女性主義（自由主義女性主義、文化女性主義、社會主義
女性主義等）都試圖謀求改變現存的男女權力關係，改變婚
姻制度和家庭關係，爭取女性受教育權、參政權以及社會勞
動權。這一階段的女性主義教育學並未形成氣候，只是以社
會批判爲目的，與批判教育學理論站在同一條戰壕中，將女
性作爲特殊的被壓迫群體，來探討在教育中解決性別權力的
方式。但她們的努力並未能觸及大規模的現代教育實踐。後
現代主義開始興起以後，女性主義者們發現，將後現代主義
結合到女性主義中，能夠透過將兩者的優點的結合，使女性
主義眞正地參與到教育實踐中去。❹這一時期（80年代
末），出現了許多探討這一問題的文獻。❺經過一系列的反
思和討論，一批女性主義教育學倡導者提出，必須使女性主
義教育學超越現代主義批判教育學的樊籬，走向後現代女性
主義教育學。她們就是以上所介紹的本質論的後現代女性主

---

❹ C. Nicholson. "Postmodernism, Feminism, and Education : The
Need for solidarity", in *Educational Theory*, 1989, No.3, pp.197 -
205.

❺ 例如，N. Fraser and L. Nicholson, "Social Criticism without
Philosophy : An Encounter between Feminism and Postmodernism",
in *Universal Abandon？ The Politics of Postmodernism*, A. Ross ed.
（Minneapolis, 1988）, p.84；

L. Alcoff, "Cultural Feminism versus Post - Structurealism : The I-
dentity Crisis in Feminist Theory", in *Signs*, 1988, No.3, pp.418 -
419；

C. Weedon, *Feminist Practice and Poststructuralist Theory*,
（Oxford : Basil Blackwell, 1987）etc.

義教育學的倡導者。

這些女性主義者認為，批判教育學雖然有內部分歧，但還是具有三個共同特徵。第一，批判教育學試圖開發一種有政治性的知識形式，以便對學校與社會的關係以及權力、統治和解放問題進行重新探討。第二，批判教育學試圖使那些被遺忘的和無權充分參與文化建設的團體和個人，積極參與學習過程，使這些學生有能力反思平等和民主等觀念。第三，批判教育學試圖培養學生的批判思維能力，增強他們的自我意識，使他們鑽研自己的歷史和意義系統，分析影響和侷限他們生活的結構因素和意識形態因素。

後現代女性主義教育學認為，批判理論雖然曾經有過巨大的理論意義和實踐意義，但是，它具有侷限性，必須予以修正和發展。她們認為，批判教育學將教師與學生分離開來，其教育學重點放在被壓制的人和團體（他者），而忽視了教師在重塑權力關係方面的作用。例如，高爾指出，批判教育學對教師的作用缺乏批判性思考❻。柳克認為，批判教育學僅僅關心「他者」的做法模糊了教育學文本的界限，使人們較少關注知識產生的條件和意義，因而限制了教育學的潛在作用。❼後現代女性主義者認為，批判教育學雖然關注

---

❻J. Gore，"What We Can Do for You！What 'We' Can Do for 'You'？"，in C. Luke and J. Gore ed.，*Feminism and Critical Pedagogy*（New York：Routledge, 1992），p.61.

❼C. Luke，"Feminist Politics in Radical Pedagogy，"in C. Luke and J. Gore ed.，*Feminism and Critical Pedagogy*, pp.32-33.

他者，但卻無法正視其教育學應用到實踐中時的潛藏（消
極）作用。艾爾思沃斯在課堂中運用批判教育學的過程中發
現，批判教育學所提倡的對話、注重學生的聲音等方法並不
能形成分享的權力關係，使學生成為積極參與學習過程的批
判性主體。❽

　　以上問題使後現代女性主義者重新審視批判教育學的假
設，並試圖開發這樣一種教育學：它能夠對課程中的支配與
被支配關係作出挑戰，並產生直接言說女性主義及其他反壓
迫話語的知識。即對權力和知識問題作出了進一步的思考。

　　首先，後現代女性主義教育學發展了「權力」的概念。
它認為，批判教育學基於這樣的權力觀，即權力是一種財
產，是「教師所具備並可以給學生的東西」。❾而後現代女
性主義則認同傅柯的權力觀，認為權力無所不在，它是一種
網絡，每個人都處於權力關係中並行使著權力。她們認為這
種權力觀能夠解釋在不存在的直接的壓制或權威關係時，所
出現的權力關係的原因並作出合適的反映。

　　其次，後現代女性主義教育學重新探討了知識問題。她
們認為，批判教育學接受了啟蒙運動的假設，試圖尋求有限

❽ E. Ellsworth, "Why Doesn't This Feel Empowering？ Working through the Repressive Myths of Critical Pedagogy", in C. Luke and J.Gore ed., *Feminism and Critical Pedagogy*, p.91.

❾ J. Gore, "What We Can Do for You！ What 'We' Can Do for 'You'？", in C. Luke and J. Gore ed., *Feminism and Critical Pedagogy*, p.57.

性和普遍眞理。其目的也是在尋求一種能夠完全徹底地解釋
社會壓迫關係的統治叙事。而後現代女性主義教育學則企圖
產生「對抗將男性主體作爲所有眞理的歷史前提」的知識。
這種知識是建立在差異的基礎上的，在這裡差異基於「女性
主體的特殊的、自然發生的、有衝突性的歷史」。這樣，知
識就「一直是暫時的、開放的、由當時的各種關係決定
的」。❿總之，由於女性主義認爲權力是透過統治叙事被作
爲常規眞理的過程運行的，因而必須尋求作爲反對男權社會
的合法化和指稱關係的知識，這樣的知識必須是開放的、能
夠自我反省的。

　　在對知識和權力進行反思的基礎上，後現代女性主義對
批判教育學的實際運用也進行了修正。認爲必須質問和中止
教師、男生、和享有特權的文化團體的優先地位。

　　從以上的討論可以發現，這些後現代女性主義教育學思
想雖然在某些方面突破了批判教育學的觀點，但是，它並未
完全擺脫批判教育學的思路。它們的中心任務都是改變壓制
與被壓制的關係，只不過對如何理解壓制關係以及在課堂教
學中如何行動等具體方面的觀點不同而已。它與批判理論有
一個共同的關注點：課堂教學如何再生產了壓制團體與被壓
制團體，應該在教育上做哪些工作來改變這種再生產過程。
從這一點看，本質論的後現代女性主義教育學與上節所論述

---

❿C. Luke and J. Gore, "Introduction", in C. Luke and J. Gore ed.,
　Feminism and Critical Pedagogy, p.7.

的邊界教育學的觀點是十分一致的。她們的理論有一個很大的缺陷，即只能在部分課程（如人文科學課程中）適用，並只能在課堂範圍內作小範圍的抵抗（阻抗），無法對整個現代主義教育產生革命性的變革作用。

構成論後現代女性主義教育學

　　除本質論的後現代女性主義外，存在著另一派後現代女性主義，它們被稱為構成論的後現代女性主義。這種理論認為，「兩性平等」的理論和實踐無助於真正改變女性的地位，並且認為，在男權社會結構中，女性的自然作用和社會作用都是透過男性標準制定的。建立在「兩性平等」的理論基礎之上的一百多年來的女權運動認為，女人要取得社會政治權益就要進入男性的領域，用男性標準要求自己，把達到男性社會的標準認為是女性的解放。構成論者們認為，這是一種誤解。她們廣泛吸取後現代觀念，放棄了對女性解放的具體目標的追求，盡力去解構社會意識、思維習慣，以及男權思想對女性主義的影響。

　　構成論的後現代女性主義艾斯勒（R. Eisler）⓫運用考古學方法以及系譜學方法，吸取了非線性動力學（包括災變論、分叉論和混沌理論）中的方法和成果，考證了西方古代女性占主導地位的社會（特別是克里特島）的狀況，指出女

⓫R. Eisler, *The Chilice ar.d The Blade*：*Our History, Our Future*,（Harper & Row Publishers, 1988）.中譯本《聖杯與劍》，程志民譯，社會科學文獻出版社，1995。

性社會與男性社會的區別的根源在於男女性別角色的差異而引起的思維方式的不同，女性的思維方式可以用「聖杯」來形容，是包容的、合作的，對人、對自然、對社會採取發自本質的關愛態度，而男性的思維方式可以用「劍」來形容，是攻擊性的、容易造成等級制的，對自然會採取利用和掠奪的態度。她透過對地球上的生態危機、社會危機和人們內心的危機的分析，指出女性的思維方式（伙伴關係方式）才是能夠引導人類走出危機的唯一方式。

　　在教育領域，與此相對應的是諾丁斯提出的關愛教育學。諾丁斯認為關愛是女性的思維方式及行為方式，也是合理教育學的基礎。她說：「負責照顧（家庭和子女）的一方，不會在抽象概念中尋求安全感，參照了不管這些概念是以基本原理的面目還是以本質屬性的面目出現。她要對這裡負責，對這些需要關愛的東西負責，對當時當地的情況負責，對可能預見的由她自己和她所關愛的一切所面臨的未來負責……今天我們被迫相信『女人因缺乏在這個世界中的經驗』而停留在較低的道德發展層次上。我認為，正好相反，對於女性來說如此熟悉的自然關愛，能夠成為建立一個在倫理和道德上強盛而一致的世界，一個與現在的世界完全不同的世界的基礎。」⓬

⓬N. Noddings, *Caring： A Feminist Approach to Ethics and Moral Education*,（Berkeley： University of California Press）, 1984, pp. 43, 46.

　　諾丁斯將這一觀點與她對當代社會狀況和教育狀況的考
察結合起來，提出了以「關愛」為核心的教育學。

　　她認為，「在這個許多思想家向後現代主義靠攏的時期
——這個拒絕客觀方法、鮮明的個人主體性、倫理的統一
性、以及統一的認識論標準的時期——太多教育家還是死守
現代主義的進步預設及其過時的方法不放。我們（教育家）
中有太多人認為可以透過設計更好的課程、尋求並運用更好
的教學形式或者更好地組織課堂管理等方式來改善教育。但
這些都無濟於事。」⑬

　　傳統的學科分類的教育學（通常將課程按照語言、文
學、藝術、數學、科學、歷史、地理或社會研究等等學科來
組織）雖然在歷史上起過進步的作用，但是，它有許多弊
端。首先，它只反映了人類能力範圍的一部分內容，並且還
預設了學生的學習結果的不平等。其次，它是按照有利於某
些階層的利益的政治原則來組織的。第三，其內容並非是每
個學生都需要的知識。並且，這種教育中所自覺或不自覺地
倡導的競爭引起人與人之間的不友好甚至仇恨。從實質來
看，現代教育的癥結在於，它是根據男性社會的標準和方式
來構造的。這種構造方式偏離了教育的原始功能——關懷兒
童，促進他們成長，或者說只履行了（並且以不合理的方式

---

⑬N. Noddings, *The Challenge to Care in Schools : A Alternative Approach to Education*, （New York : Teacher Colledge Press）, 1922, p.173.

）教育的一部分責任。

在現代教育的框架中進行一些修正性工作並不能改變現代教育的困境。必須採取一種截然不同的思維方式來組織教育，這一方式就是女性的「關愛」的本性和以教育作爲關愛和照顧兒童的原始職責。她指出：「教育必須圍繞各種『關心』的主題來組織，而不是根據傳統的學科來組織。所有學生都必須受這樣的普通教育，即指導他們關心自己、關心他人、全世界的人、植物、動物、環境、人爲的世界以及思想觀念的教育。」⓮

圍繞「關愛」而組織的教育必須遵循以下步驟⓯：

1.明確教育目標，教育的主要目標必須是：培養能力、關愛、和具有愛的能力的可愛的人。

2.關心對相屬關係的需要。

　⑴將教師與學生（在互相自願的基礎上）安排在一起渡過若干年。

　⑵盡可能讓學生待在一起。

　⑶較長久地讓學生在同一個地點學習。

　⑷幫助學生樹立學校是他們的學校的信念。

　⑸將用於建立關愛和信任關係的時間固定下來。

3.放鬆對學生的控制。

　⑴爲學生和老師提供更多的判斷機會和責任。

⓮Ibid, p.173.
⓯Ibid, pp.174-175.

⑵取消競爭性分級。

⑶減少考試，僅設計一些幫助人們了解在自己希望達到的能力方面的進展的考試。

⑷鼓勵教師與學生共同探索。不要求教師十分了解自己所教的內容。

⑸教師必須了解與自己的學科有關的其他學科的知識。

⑹鼓勵自我評價。

⑺鼓勵學生參與自己的班級和學校。

⑻接受關愛所帶來的挑戰，隨時準備很好地教給學生他們想知道的東西。

4.取消等級制的教育。

⑴取消入學考試，學生根據自己的需要來獲得學習或生活的準備。

⑵為所有學生提供一切他們所需要的探討與人類生活有關的重要問題的真正機會。

5.每天都進行圍繞關愛問題的活動。

⑴自由討論有關存在的問題，包括精神問題。

⑵幫助學生以關愛為宗旨處理彼此之間的關係，為他們提供關愛的實踐機會。

⑶幫助學生懂得對手和敵人是如何產生的，幫助他們學習如何從雙方的角度來看問題。

⑷鼓勵學生尋求與關愛人類一致的關愛動物、植物、環境的方法。

(5)鼓勵學生關愛人為的世界，幫助他們在技術的、自然的以及文化的世界中自在地生活。培養他們對人為世界的驚奇與讚賞之心。

(6)幫助學生深切關注與他們有關的觀點和思想。

6.教育學生，使他們明白，對任何領域的關愛都暗含著能力因素。在我們關愛的時候，我們就承擔了運用我們自己的能力去工作的責任，這樣我們的關愛內容也就會不斷擴展。關愛是人類生活的活力源泉。

以上實施關愛教育學的內容和步驟，還牽涉到課程的規劃、師資的準備和對教育效果的評價等問題。

諾丁斯認為，關愛教育的課程規劃的原則，是由教師和學生協商決定。在制定課程時所要考慮的因素包括：學生需要什麼？他們可能對什麼感興趣？如果學生已經選擇好了學習方向，有哪些資料可資利用？怎樣將學生和教師的各種不同的生活經歷和背景結合到課程中去？請哪些校外人士來評價課程內容？等等。

在師資準備方面，教師必須學習內容廣博的知識和培養關愛學生的心理及能力。他們必須能夠根據這些問題來反思自己的教學：我所教的東西是否滿足了每個學生的需要？我應該怎樣教才能使他們懂得更多，更團結？我怎樣才能盡可能增多關愛的聯繫？我怎樣才能幫助他們去關愛自己、他人、動植物、自然環境、人為環境和豐富的思想世界？

在評價方面，諾丁斯認為，關愛教育的評價應該以自我評價為主，再適當進行集體評價或請校外專家來評價。

　　總之，諾丁斯的後現代女性主義教育學思想，脫離了傳統女性主義和本質論的後現代女性主義的狹窄思路，爲全面改善教育境況提出了完整可行的教育學思想。雖然在現代主義教育制度占統治地位的情況下，實施她的教育學思想有一定的難度，但是，隨著人類生存狀況的惡化，她的思想很可能會越來越受到教育實踐的重視**⑯**，並眞正落實到教育實踐中去。

第二節　後現代邊界教育學

　　後現代邊界教育學（ border pedagogy in the age of postmodernism ）的倡導者主要是美國的教育研究者吉魯，在本書的其他地方，我們已經接觸到一些他的觀點，但他的後現代邊界教育學思想，則是他的教育思想的集中反映。

　　吉魯認爲，從本世紀80年代開始，被稱作後現代主義的各種話語對西方大學內外的各種學科的知識生活的本質產生了強烈的影響。後現代主義作爲一種文化批評形式，對現代主義話語的一系列中心假設提出了挑戰。這些假設包括：對形而上的主體概念的依賴；提倡將科學技術和理性作爲進步的基礎；將歷史與歐洲文明的勝利等同起來的種族中心主義；認爲工業化西方國家組成了「一個合法的中心——一個

---

⑯P. Slattery, *Curriculum Development in the Postmodern Era* , （ Garland Publishing, Inc. ）, 1995, pp.129, 142, 153－154, 255.

具有獨特的高一等的地位控制和決定等級的中心」的觀念。
在後現代主義看來，現代主義有關權威的主張一方面部分地
成為西方家長制文化的幫兇，同時，又使那些因膚色、階
級、種族、民族或文化和社會資本等原因而處於從屬的和被
壓迫的地位的人的聲音邊緣化並受到壓制。後現代主義認
為，在現代主義的政治圖景中，他者的聲音處於存在、承認
和可能性的邊緣。從最好的一面看，作為阻抗的後現代主義
試圖重新描繪現代主義的圖景以便實現將權力從特權階層向
那些為控制自己的生活而鬥爭的人轉移，因為他們的生活日
益表現於一種分散的邏輯中。後現代主義不僅凸顯了預設和
重劃統治的方式，而且也指出了權力、知識、空間和時間的
結構轉化，這種轉化使世界即時具備了更為全球化和多樣化
的特徵。

　　吉魯認為，對於教育學來說，後現代主義具有三個方面
的重要意義。

　　首先，人們發現自己不再被現代主義的進步和歷史意向
所束縛。在即將到來的後現代時期中，非連續性、銷魂和差
異等特徵或方面提供了另一套理解或挑戰並改變現代性的指
稱關係。在這個世界中，資本不再受國家主義的力量所控
制；電子訊息的生產徹底改變了傳統的時間、共同體和歷史
概念，並淡化了實在和意象之間的界線。在後現代時期，更
難用獨斷的殖民主義價值觀和可能性觀來判定文化差異了，
也更難用「偉人們」的統治敘事來定義意義和知識。現代主
義對整體性和統治的強調讓位於對被壓迫的歷史和地方歷史

的更尖銳的理解，以及對語境和局部鬥爭的深層的讚賞。並且，在即時訊息、全球工作網絡、生物基因的時代，高級文化和通俗文化之間的界限化解了，歷史地和社會地構建的意義本質變得明顯了，化解了對歷史、真理或等級的統一看法。所有的文化都是值得探究的，沒有哪個文化產品能逃脫它自己在意義的社會等級中的歷史。

其次，後現代主義為質問現代主義的最基本的因素，為重新描繪個人經驗和集體經驗間的鬥爭、理解、感受和形成，提供了一系列的參照體系。例如，後現代主義對所有形式的自稱是超驗的和超歷史的表徵和意義提出了批判。它拒絕將普遍理性作為人類事務的基礎，提倡另一種部分的、歷史的和社會的認知形式。並且，後現代主義還指出，在這個世界中，意義的生產在塑造人類存在的邊界中起著與勞動力的生產同樣重要的作用。從這一點看，我們在語言中如何組織同等重要於我們在生產關係中的主體地位。符號政治經濟並未取代政治經濟，它只是被假設為理解在特權、壓迫和鬥爭之間的關係中認同感如何形成的首要範疇。即，它拒絕將歐洲傳統作為判定歷史、文化和政治真理的組成的唯一參照。沒有任何傳統或故事能作為權威來解釋人類的所有事務。阻抗性的後現代主義（postmodernism of resistance）認為，傳統的價值可以透過它們對部分的、具體的和特殊的東西的列舉來得到體現；這樣，傳統就能展現作為不平衡的權力關係中不同聲音的鬥爭和對話的連續歷史的重要性。傳統並非是包容一切的生活觀；相反地，它透過使人們牢記差

異、鬥爭和希望中的記憶，使人們自覺地投身於他們的歷史
中。在後現代觀念中，歷史是一種反主流記憶形式，它指向
組成公眾生活的社會和政治結構的流動而複雜的認同感。

第三，後現代主義冒著流於簡單化的危險，對將主體作
爲歷史的擁有者的統一、理性的自由人本主義體觀進行了挑
戰。它認爲，主體不是統一的，主體的行爲也不是可以用形
而上或超歷史的概念來擔保。後現代主義認爲，主體是矛盾
的、多層次的，並且拒斥人的知覺和理性是塑造人類歷史最
重要的決定因素的觀點。相反地，它斷定歷史、結構和意識
形態方面的侷限性決定了自我思考和行爲的可能性。後現代
主義將協同性、共同體和同情作爲我們開發和理解我們所具
有的，用有意義的方式經歷我們自己世界的能力的基本要
素。更具體地說，後現代主義爲我們重新思考如何在政治、
社會和文化狀況的急劇變化中構築主體提供了一系列的指稱
關係。

後現代邊界教育學認爲，必須將後現代主義的這些重要
觀點運用到教育學中，將它們與現代主義中最優秀的觀點結
合起來，以便使教育者們能夠深入和拓展富有批判性的教學
方式和方法。吉魯指出，在後現代狀況中，現代主義中強調
個人使用批判理性來思考公眾生活的能力；後現代主義則關
心我們在這個由各種不爲先驗的圖式或形而上的擔保所支撐
的、由差異所組成的世界中可能會怎樣去體驗；這些都應該
在教育學中得到體現。邊界教育學就是試圖將兩者結合起來
的努力。

邊界教育學的核心思想，體現在吉魯所提出的兩個概念之中，這兩個概念是：反主流文本（counter－text）和反主流記憶（counter－memory）。

邊界教育學的核心概念Ⅰ：反主流文本

後現代邊界教育學認為，學生生活在複雜的參照符號（references）中，這些參照符號構成了不同的文化符號、經驗和語言的複合性指稱關係。教育者必須教育學生，讓他們批判地閱讀這些符號，了解這些符號的侷限性，包括組成他們的敘事和歷史符號的侷限性。這一教育學認為，所有話語都具有一定的傾向性和侷限性，因此對「權威」必須採取批判的態度。學生對待知識，就像是在作為邊界的穿越者，在圍繞著由差異和權力組成的關係所構成的那些邊界中走進走出。⑰在這裡，邊界不僅是形式上的邊界，而且是文化上的邊界：因歷史原因和社會原因形成的規則和法令，限定了特定的認同、個人能力和社會形式而形成的邊界。邊界教育學企圖透過使學生跨越這些邊界來躍進意義的王國——即，透過對作為組成符號和規則的知識、社會關係和價值觀的圖景進行不斷商榷和重寫，來動搖和重塑邊界。邊界教育學在重繪邊界圖的同時，對學習中心進行消解。這樣，學習的領域不可避免地與地方性、個性、歷史和權力等浮動的變量參

---

⑰H. Giroux and S. Aronowitz, *Postmodern Education*： *Politics, Culture, and Social Criticism*, （Minnepolis： University of Minnesota Press, 1991）, p.119.

數聯繫在一起。

　　邊界教育學還認為，流行文化也不應被忽視。對傳統的教育學來說，流行文化屬於不應在正規教育體制中出現的文本，與正統的教育內容相比，它是一種「逆」文本，有時候甚至被看作是「大逆不道」的文本。事實上，流行文化也可以作為政治和分析嚴肅對象，並且它是後現代社會中人人都迴避不了的現象。對於正統的現代教育思想來說，它是由與主流相對立的他者（oppositional others）所創造和組成的知識形式和歷史現象。⓲所以，必須把流行文化作為學生日常生活的合法方面，把它作為塑造學生所採取的不同的並且常常是相互矛盾的主體態度的主要力量來分析。並且，流行文化必須被列入正式課程中作為研究探討的對象，必須成為官方課程中嚴肅的科目。這一點可以透過將通俗文化作為特定的學術性學科，如傳媒研究的一部分來看待，或透過把它所生產的資源結合到官方課程的各個方面來實現。流行文化作為傳統精英文化的「他者」，不應被漠視。

　　此外，反主流文本的概念還認為，基於白人、家長制和階級特權有關世界的統治敘事必須受到挑戰。教師必須向學生提供一種新的話語，來尋求重新劃定邊界的途徑。即，透過從在文化統治中處於邊緣的知識的角度提出建立新邊界的理論，後現代話語為把文化和社會實踐不再完全基於西方文化的統治模式的邊界教育學的觀念納入課程提供了可能

⓲Ibid, p.119.

性。在這裡，來自邊緣的知識形式可以被用來重新定義組成
那些無法透過統一文化的文化和政治符號來取得認同的學生
的經驗的複雜多樣的異質性的實在。

後現代邊界教育學還探討了另外兩個重要的問題。第
一，它重點探討了意義的產生與情感投入和快樂的產生是聯
繫在一起的。從這一觀點出發，教師必須在他們的教育中考
慮到意義和快樂的產生與學生的認同感的產生、學生如何看
待他們自己、以及他們如何考慮自己的未來是息息相關的。
第二，它認為，學生在使用句法和進行情感投入方面的性
質，也必須在教學層面上重新認真思考。這種觀點所關心的
一個問題是，必須把慾求（desire）的產生和約束看作是學
生傳播、聯結、拒絕和創造特定的文化形式和認知形式的重
要因素。

邊界教育學強調這樣的教學目的，即，必須培養學生與
自己的主體立場，以及與組成既定的權力、依附和可能性邊
界的多重文化、政治和社會符號之間的非認同關係。換句話
說，這種教育學強調個人的社會立場與建立和解讀文化的多
種方式之間的非共時性關係。即，在文化符號和學生的主體
立場之間不存在單一的事先決定的關係。一個人的階級、種
族、性別或民族可能會對他如何接納一種特定的意識形態，
解讀特定的文本或如何對特定的壓迫形式作出反應可能會有
影響，但並非起無法改變的決定作用。邊界教育學認為，教
師、學生和其他人常常在「多重的層面上讀寫文化」。因
此，吉魯提出，邊界教育學必須富有成效地破除那些阻礙學

生明確特定歷史條件下的社會形式是如何壓制對他們自己的
經驗、社會和世界作不同的解讀的意識形態、文化符號和社
會實踐。

邊界教育學的核心概念Ⅱ：反主流記憶

　　後現代主義將解地域化（process of deterritor-
ialization）作爲是粉碎統治敘事的重要工作。在一定範圍
內，它贊同確定性喪失和非熟悉化的經驗，儘管它可能會導
致異化和認同感的放逐。與保守主義者對這一變幻不定的過
程的解讀相反，吉魯認爲，這種對傳統意義的瓦解爲發展基
於阻抗的後現代主義的邊界教育學提供了重要的依據。但
是，他指出，這種語言冒著這樣的危險：因忽視了有關差異
的語言與批判現代主義中的發展一種公衆生活的話語的觀念
的結合，從而斷絕了它自己的政治可能性。它還可能忽視透
過反主流記憶過程來發掘新的解放的政治認同感的可能性。
他首先討論了激進的政治哲學和女性主義理論在認同和反主
流記憶方面的問題上所做的重要工作。

　　他指出，後現代主義大肆批判了現代主義的政治統一的
觀念。透過堅持社會立場的多樣性，它對現代性的政治封
閉，包括對中心和邊緣的劃分提出了嚴正的挑戰，從而爲那
些被定義爲他者的團體贏得了空間。後現代主義重新強調了
公正、地方性和偶然性的重要性，從而表達了許多社會運動
的普遍要求。後現代主義還成功地對由歐洲中心主義的話語
中的一系列假設構成的歷史方式進行了挑戰。具體地說，它
拒絕了諸如此類的歐洲中心假設：爲所有的「人」「說話」

的狂言，和認識論上的基礎主義。

吉魯贊同激進政治哲學的觀念。激進政治哲學的代表人有拉克勞（E. Laclau）和莫菲（Chantal Mouffe）。拉克勞認為：必須把後現代經歷看作是對現代性話語，包括「其唯智主義地統治社會基礎，給歷史的整體性觀念以理性語境，為將來全球人類的解放建立基礎」等主張的挑戰。但是，他同時指出，後現代主義對現代性進行挑戰並不意味著它放棄了它的解放價值觀，因為它只是將它們開放到了多元的語境和一種「用非預測性的方式來重新定義」的不確定性中。莫菲發展了她的觀點，她認為現代性有兩個自相矛盾的方面：它的政治工程根植於為民主而鬥爭的觀念，而它的社會工程則基於提倡在「不斷加強的資本主義生產關係的統治」之下的社會現代化過程的基礎主義。她認為，現代主義的民主工程必須伴之以對後現代時期出現的各種社會運動和新政策的理解。這種論點的核心思想是：必須將自由和公正的傳統與根本性民主的觀念結合起來；同時將差異不僅僅看作是對自由多元化的回應或沒有親和力的不同利益的雜燴。

這並不是隨便地號召消除和融合差異，而是試圖在組成差異的歷史和社會基礎上去理解差異。一旦將差異放在特定的歷史和社會之中，就有可能理解它們是如何在規則和法則中構建，如何在促成和挫傷這些差異的主流社會形式中存在。差異只在它們能夠在其中得以確切地表達的相應社會形式中存在——即，在學校、工作場所、家庭等關係中，以及在歷史、公民權、性、種族、和民族等話語的關係中存在。

將它們從民主和自由的話語中分離出來，就抹煞了將它們特定的利益和興趣作爲廣泛鬥爭的一部分來理解的可能性，以及理解它們單個的自我矛盾的興趣是如何在特定的歷史紐帶中發展的可能性。教育者們必須培植一種在根本性的民主之傳統內的有關差異的批判性政治觀。批判性的教育者必須開發一種反主流記憶的話語，不是作爲一種基礎主義和封閉的叙事，而是將它作爲認可「混合、異質性、開放、和民主傳統的最終的非確定性特徵」的烏托邦工程的一部分。這裡的教育學問題是：必須將差異作爲建構一種新型主體的，一種既是複合的又是民主的主體的一部分。

吉魯認爲，將差異強調爲任何民主社會的中心觀點是重要的，但是它還不夠深入。必須將民主與作爲整個經濟、社會和文化環境中的自我管理的公民聯繫起來，來進行更加具體的理論和政治分析。在這樣的語境中，民主涉及到權力從控制整個社會的經濟和文化狀況的精英和執法階層向地方階層行使權力的生產者轉移的問題。這裡的關鍵問題是要透過同一水平線的權力組織和實踐來使民主具體化，其中，「必須透過教育和自由的訊息流通，使知識被廣泛地分享，從而使科技決定不再僅僅由掌握資本家或當權者說了算；並且，生產力的基礎必須是非常分散的，不僅推進了控制，而且爲促成提高生活質量的基層化社會和生態關係提供了必要條件」。吉魯認爲，民主和公民意識問題是解放工程的中心，在這裡，解放工程的目的在於「對社會關係進行根本性的重建，從而使水平的和垂直的權力從社會和代議制度的基礎，

轉化爲公眾集會的必要組成部分……」這種立場不僅消解了
自由多元主義話語所倡導的民主鬥爭和大眾公共領域（pop-
ular public spheres）的構建，它還將權力、政治和鬥爭問題
放在有關激進民主（radical democracy）的爭論的中心。

　　民主和差異的問題怎樣才能作爲具有可能性的邊界教育
學的一部分來處理呢？吉魯指出，可以透過傅柯命名的「反
主流記憶」把民主和差異的話語作爲教育實踐來處理。傅柯
認爲，這種實踐把用現在的眞理的名義對過去進行裁決的歷
史，轉爲反主流記憶，這種反主流記憶對抗著我們目前的眞
理與正義的模式，把它放置在與過去的一個新的關係上，而
有助於我們去了解和改變現況。反主流記憶代表了對「過去
如何形成現在以及現在如何閱讀過去」的批判性解讀。它爲
重建公眾生活的語言和有關差異的話語之間的聯繫提供了理
論工具。它代表了重新書寫阻抗式語言的企圖，這種阻抗式
語言把人類放在增強公眾生活尊嚴的記憶形式中，同時允許
人們從自己的特定歷史和聲音出發說話。反主流記憶反對把
民主僅僅作爲繼承下來的知識；它試圖將民主與提供權力的
動力和源泉的公眾生活觀念聯繫起來。它同時肯定了透過學
生聲音的力量來書寫歷史的教育實踐。這意味著反主流記憶
的實踐，可以作爲建立對特定的主體性和同一性進行授權或
權力瓦解的民主社會形式的工具；換句話說，在這裡民主成
了理解公眾生活如何以不同的方式組織差異，以及理解它對
學校、教師和學生如何將他們自己作爲政治主體，作爲在特
定的權力關係中運作的公民來看待的方式意味著什麼的一種

參照系統。**⑲**

事實上，激進民主的語言有助於教育者們理解差異是如何組成的，以及這種差異的基礎在根植於民主公眾生活的政治認同中可能會如何組織。**⑳**就教育而言，必須建立一種可能性空間，它基於一種民主觀念，這種觀念使不同的團體能夠流動以開拓和爭取阿爾考芙（Linda Alcoff）稱之為「積極的選擇空間」。如果要把激進的民主作爲教育實踐來操作的話，教育者們必須允許學生將民主作爲一種不得不進行不斷鬥爭和重新書寫的反抗性政治的一部分來理解。這意味著必須將民主作爲根植於斯密斯（Bruce James Smith）稱爲「回憶和習俗之間的緊張關係」中的歷史和社會構造來看待。

斯密斯認爲，習俗在一種連續性話語中構建主體，在這種連續性話語中，實踐和知識都被看作是繼承和傳授的東西。習俗是一種意識形態和社會實踐的複合體，它把反主流記憶看作是顚覆性的，把批判性教學看作是不愛國、或者大逆不道的。它拒絕過問公共形式，拒絕將差異作爲民主社會基本指稱的知識和教育學形式的意識形態基礎。

邊界教育學進一步發展了它的觀點，把回憶作爲反主流記憶的一種形式，而把習俗作爲因記憶缺失而形成之反向的

---

⑲H. Giroux and S. Aronowitz,（1991）, *Postmodern Education*, p. 124.

⑳Ibid, p.11.

緬懷。邊界教育學認爲，應更爲關切回憶（反主流記憶）而不是現成的習俗。它認爲，回憶更多地指向特殊性和鬥爭；它注重以往發生的行動和事件；它指向組成歷史和權力鬥爭聲音的多樣性。它的焦點不在於普通的東西而是在於那些非同尋常的東西。回憶促進過去、現在和未來的對話，重新強調那些不該被忘記的東西。

反主流記憶爲一種追求差異中的協同性的政治學提供了倫理學和認識論基礎。從一個層面上來看，它將差異的觀念和政治的首要性放置在爲深化民主而進行的廣闊鬥爭之中。其次，它揭開了理性的普適性僞裝，並承認了任何觀點都是有傾向性的。作爲敎學實踐的反主流記憶不僅注重把差異作爲歷史構成；它還注重爲自我表現以及爲爭取公正與民主社會的鬥爭提供基礎。作爲敎育和歷史的實踐，反主流記憶試圖恢復抗爭的叙述（narrative of struggle），這種抗爭性叙述給不同的支配性及附屬性團體提供一種關於場所、位置和身分的意義。也可以說，抗爭性叙述是眞正記憶的來源，它試圖改變壓制性的權力關係，同時敎育學生，不能成爲支配性權力關係的共犯。**㉑**

將回憶作爲反主流記憶的一種方式還意味著使學生懂得，任何自我標榜能夠預測未來的文本都有侷限性的；並且這裡的回憶並非是一種懷舊，而是尋求不同的說法，以各種獨特的方式重新講述故事——並可能預見完全不同的未來。

㉑S. Aronowitz & H. Giroux, *Postmodern Education*, pp.126–127.

這樣，反主流記憶就能夠為以差異和協同性為主要內容的政治生活服務，從而使邊界教育學的目的得以實現。這一目的就是貫徹公正、自由和互相尊重的原則，反對使差異成為等級分層、貶損、競爭和歧視的基礎現代主義，提倡在差異的基礎上建立協同性的後現代主義。

邊界教育學的實質

邊界教育學透過反主流文本和反主流記憶這兩個概念的提出，使自己的理論成為關注「他者」（other）和「差異」（difference）的教育學。它所研究的問題包括幾個層次。第一，它研究把差異定位、邊緣化為低下的他者的那些表徵和實踐如何能夠被積極地學習、內化、挑戰和扭轉。第二，它關注如何將對這些差異的理解應用到改造現存權力關係的活動中去的問題。第三，它關心如何將日常生活層面的邊緣性體驗組成自覺的反抗性意識問題。透過研究這些問題，邊界教育學試圖對由統治敘事和霸權話語組成的官式課程進行質問；使受壓制團體的歷史、文本、記憶、經驗、和共同敘事得到重視。這樣，從它對社會的批判功能來看，依然未脫離批判教育學的實質。吉魯本人作為一個自我標榜為批判理論的擁護者，並未否認這一點。

但是，邊界教育學與批判教育學相比，在理論上有較大的發展。它們的最大區別，就在於邊界教育學是後現代主義的教育學，而批判教育學是現代主義的。

然而，吉魯也認識到，批判教育學有個致命的弱點：它太依賴現代主義的話語了。一些批判理論的流派日益退化到

強調過程和技術，從而將其解放的可能性減少到僅僅關注於
對話、過程和交流。這種形式的批判教育學冒險地滑向對自
由進步主義的模仿，其中，教學降格爲僅僅是讓學生表達或
評價自己的經驗。它過於注重學生的聲音，而忽視了其矛盾
的本質。甚且，它在確定教師和學生在整個社會中的位置方
面，缺乏自己的政治見解。

　　不過批判教育學也有值得借鏡之處。批判教育學使教師
和其他人將教育看做是政治、社會和文化機構。即，作爲一
種參與性實踐，批判教育學對生產不同團體中間的不平等的
壓迫形式提出了挑戰。它拒斥造成差異的課堂關係，認爲差
異是歧視和壓迫的根源；它還拒絕將學校教育的目的降格爲
狹隘的經濟和工具性目的。這種教學理論將學校教育與民主
的趨勢聯繫在一起，將教師看作是起改造作用的參與性知識
分子，並使民主性的差別觀念成爲教育組織和課堂實踐發展
的中心。

　　邊界教育學吸收了批判教育學流派的這些具有意義和改
造作用的觀點。並採用後現代主義的基本觀點對批判教育學
進行了改造。它借鏡後現代主義的觀點對傳統的共同體、語
言、空間和可能性進行重新定義的、更廣的文化和政治反
思。它不僅批判和剖析差異，並且還從後現代的角度來尊重
差異，將差異看作是爲提高民主生活的質量而進行的共同鬥
爭的一部分。簡單地說，邊界教育學不僅認可對權力和知識
的結合進行顛覆，對其中的霸權主義進行化解；它還將教學
與爲民主社會而進行的更具體的鬥爭聯繫起來。這是一種試

圖將現代主義的解放觀念與後現代主義中的阻抗觀念結合起來的教育學理論。它的實質，可以說是後現代主義的批判教育學，不僅僅停留在批判的層面上，而且還從具體的語言和經驗的角度，對教師和學生施行實際的影響。

　　邊界教育學試圖開拓多種社會形式和人類的能力空間，從而拓展學生的社會認同範圍。在這一教育學中，教師的職能發生了變化。教師不再是權威的文本闡釋者，他們隱遁在社會、政治和文化的邊界之後，這些邊界的本質是多元的和具有歷史性的，需要在教育過程中對其差異進行識別和探討。為了貫徹差異的教育學，教師還必須處理各種各樣的意見、對付在課程和課堂教學中出現的各種差異及其特徵，以便對那些對學生的生活來說富有意義的東西進行探討，並在此基礎上對學生的個體形成施加倫理和政治方面的引導作用。這樣一種過程不僅是「說出」一個人的歷史和社會形成，而是要在教育過程中，讓每個人都與其他人一起集體地參與到重新界定構成一個人的生活的那些複雜的敘事的教學框架中去。

　　邊界教育學雖然借鏡了許多後現代主義的觀點，但它並未像一些激進的後現代主義那樣，對現代主義的一切都進行解構。它認為，不能放棄向著更美好的世界的鬥爭，儘管這種嚮往有時被看作是烏托邦式的。現代主義的啟蒙運動，至少為人們提供了透過理性來改變他們在此生活的世界的希望。後現代主義模糊了這一世界的界線，對人們對理性的迷信加以質疑，並將那些一度被看作是不可表徵的東西展現了

出來。但是，偶然性和不確定性並不意味著虛無主義的勝利或者絕望，這表明了在現代性斷裂的地方可能有新的希望和命運。「我們生活在一個不再有明確的界限但有靈活多變界限的後現代世界中。這是一個理性處於危機之中的時代，但也是一個可以建構其他思想觀念的時代」。❷邊界教育學在這樣的背景下，對教育本身以及教育與社會的其他因素之間作了重新思考。它表明了在教學過程中重寫權力和慾望之間關係的重要性。它同時重新界定了差異的重要性，以尋求被壓制團體和既得利益團體之間的接合點，尋求徹底深化民主和人類生存的可能性。這是建構的後現代主義的姿態，是在後現代狀況來臨之際，對建立新的教育學的有益嘗試。

結語

後現代教育學思想是十分豐富的，除以上討論的兩種教育學思想以外，還有一些哲學家和教育家的思想亦具有教育學上的意義，例如羅逖的「教化哲學」事實上就是一種教育學思想，而李歐塔所提倡的透過謬推——即用不符合常規的思維方式推理，以拓展想像力，尋求對知識的不同理解和創新的知識的方法，也是一種教育學的思路。❷李歐塔還認爲

---

❷S. Aronowitz & H. Giroux, *Postmodern Education*, p.115.

❷J. M. Fritzman, " Lyotard's Paralogy and Rorty's Pluralism：Their differences and pedagogical implications ", in *Educational Theory*, 1990, No.3, pp.371－380.

教育過程必須透過激發歧見差異，讓學習者從自己的思想歷程中的差異，以及與別人的思想的差異中得到昇華，最終達到激發人的崇高感和美感的目的❷，這也是一種教育學。但是邊界教育學和後現代女性主義教育學與其他後現代教育學相比，思想比較完整和成熟，並具有較大的實踐可能和意義。當然，這兩種教育學也都有其侷限，在現代主義並未處在窮途末路的情況下，在資本主義不可避免的壓迫性等級制社會中，整個社會機制是否會允許這些教育學思想成為「主流」教育學思想？這個問題不是透過學理上的探討就能夠解決的。或許，後現代教育學更重要的是它們的理論姿態，這種理論姿態的根本，還是在於對人類的終極關懷，對透過教育來改善人類在後現代狀況中的窘況的美好願望。當人類由於缺乏關切和愛而走向衰敗之時，當不平等的物質前提已經消失而它依然在扼殺著大多數人的幸福可能性之時，相信這些教育學終將在教育實踐中占據首要的地位。

---

❷A. T. Nuyen, " Postmodern Education as Sublimation ", in *Educational Theory*, 1996, No.1, pp. 93－103.

◆後現代教育

第五章　後現代學校管理觀

　　由於後現代狀況的衝擊和現代主義教育管理理論和實踐
所引起的學校教育管理的危機，一些學者試圖用後現代思想
來反思和質疑現代主義教育管理中的誤區，以便重新理解學
校管理問題，並試圖對「教育管理領域是否可能出現一種新
的典範？」問題作出肯定的回答。

　　西方現代教育的危機表現在許多方面：吸毒問題、愛滋
病問題、青少年犯罪問題、輟學問題、學校中的文化、種族
和性別衝突問題等等。現代教育雖然試圖透過更「科學的」
管理手段來整治學校秩序，卻一直未能解決這些問題。不僅
如此，現代教育管理在提高學生的學業成績、提高畢業率、
提供更多的社會流動機會等方面的承諾也未能實現。它還導
致了管理理論研究領域混亂，研究結論大而無當、無助於解
決切實的教育問題等現象。

　　在後現代主義思潮的啓發下，教育管理領域的研究者們
發現，在現代主義的思路中進行研究就像在迷宮中打轉，必
須跳出它的模式，從它之外來分析問題。本章將以美國為
例，來管窺後現代教育管理觀的主張、意義及問題。

　　1988年，美國學者貝茨（R. Bates）提出，必須開發與
當前的教育管理理論完全不同的理論。因為如果再不引入一

種「徹底不同的典範」，該領域就會陷入「危險沒治的狀
態」。❶

　　此後，美國湧現了一大批提倡後現代教育管理觀的學
者，這些學者包括馬克西（S. J. Maxcy）、舒里奇（J. J.
Scheurich）、波琅伋（J. M. Blount）、戴維斯和福斯特
（J. S. Davies and W. Foster）、麥奇尼和加里森（J. R.
McKinney and J. W. Garrison），法札羅、沃爾特和麥凱
羅（C. J. Fazzaro, J. E. Walter and K. K. Mokerrow），
斯沃茨（J. D. Swartz）、約翰遜（B. J. Johneton）、米榮
和艾利奧特（L. F. Miron and R. J. Elliott）、鳩里（B.
Curry）等人。他們都認爲「後現代主義」的典範是可能出
現並且必然取代現代主義教育管理典範，並從不同的角度對
後現代教育管理觀進行了探討。本文將先對他們的後現代教
育管理觀進行簡單的綜述，在此基礎上對其特點和問題進行
總結和分析。

第一節　後現代學校教育管理觀概覽

　　在上文所提及的後現代教育管理觀的倡導者中，其理論
角度各不相同，其中有的認爲必須用後現代主義的認知方式
來看待教育管理問題，有的主張用後現代主義來重建教育管

---

❶Bates, *Is There a New Paradigm in Educational Administration*？
New Orleans, 1988, pp.20 – 21.

理過程,有的提倡用後現代主義方式來改造教育的組織機構和形式。

對教育管理的後現代認識

馬克西指出❷,有關教育管理的現代主義或結構主義的認識和假設,使教育管理領域出現了以下問題:教育研究者們竭力用技術上追求精確的、「科學」方法去設定教育管理目標,並試圖將學校、教師、學生等變量納入其設定的框架中。它強調理性觀察的作用,並試圖對教育管理框架中的許多變量進行「消毒」。這樣教育管理者就將自己定位為進行控制、管理、為了教育產出而推行有效措施的,對「被管理者」享有決定權的人。根據後現代主義和後結構主義對主體問題和認知論基礎的分析,他提出,必須扭轉現代教育管理對人的扭曲,用注重質、道德和人與人之間的美感的方式,使教育管理的職能轉向以「教化」為主,而不是以「管制」為主。

舒里奇教授認為❸,我們必須採取「後現代主義或社會相對主義的認知方式」。他認為他的社會相對主義是考察教育事物的恰當方式。他的「社會相對主義或後現代相對主

---

❷S. J. Mexcy, ed., *Postmodern School Leadership*﹕ *Meeting the Crisis in Educational Administration*, (Lodon﹕ Praeger Publishers, 1994), pp.1 – 13, Introduction.

❸J. J. Scheurich, " Social Relativism﹕ a Postmodernist Epistmology for Educational Administration ", in S. J. Maxcy, ed., *Postmodern School Leadership*, 1994, pp.17 – 46.

義」的意思是：「所有的認識論和本體論範疇都是受社會條件、歷史的相對性和特定情境制約的」。❹受傅柯的影響，他指出，認識論或「眞理遊戲」是在不斷轉換的歷史性話語／實踐中發生的：眞理遊戲的規則最終是政治規則或倫理規則。因此，不能以建構不顧具體學校情境的「正確」的理論或後設叙事的方式來看待和建構教育管理理論。教育管理者或教師必須根據具體的情境來權衡所要採取的具體措施。教育管理在這個意義上說是一種政治學而不是「管理學」。

波琅忒❺對教育領導和管理進行了女性主義的分析。她指出了本質論女性主義教育學面臨的困難，認爲必須採取利用各種理論武器、社會批判以及反壓迫政治行動的後現代女性主義觀。傳統上對教育領導的研究取向是具有性別偏向的。領導的特徵被蒙上了商務和專業團體色彩，學術團體透過對教育領導的描述來行使權力，而大學中的管理人員培訓則是灌輸歪曲的簡單化的管理觀念。她列舉了男性中心的等級制管理觀念的弊端，號召我們傾聽那些到現在爲止「未被傾聽的」管理觀念，即在等級制的教育機制中受到壓制的基層教師、家長、學生以及女性對管理的要求。

戴維斯和福斯特❻二氏則審視了大學教育的管理問題。

---

❹Ibid, p.21.

❺J. M. Blount, "One Postmodern Feminist Perspective on Educational Leadership：And Ain't I a Leader？", in S. J. Maxcy, ed., *Postmodern School Leadership*, 1994, pp.47－60.

❻J. S. Davies and W. Foster, "A Postmodernist Analysis of Educational Administration", in *Postmodern School Leadership 1994*, pp.

他們指出：⑴大學的教育管理課程提供的是既定的「文本」，其實質是本質主義（現代主義）的。⑵這種文本是與一定的權力、資源、法律以及地位觀密切相關的。⑶必須用批判性的實用性後現代主義來組織教育管理專業的課程。

他們勾勒了美國教育管理教育中的本質主義的基礎，並用後現代主義對這種現代主義的模式進行了批評。他們主要批判了以下這些假設：研究會產生理論；經過時間考驗的那些概念能夠解釋管理行為；其他的理論框架或理論觀點都是無用的；本質主義模式使某些概念，如領導的概念具體化了。透過對這些假設的質問，他們對現行教育管理培訓的恰當性提出了懷疑。

他們發現，教育管理主要是透過管理者的個人影響起作用的，並非歸功於任何管理領域的任何本質主義的知識。他們強調教育管理中權力在文本中的作用，並提倡一種批判性的實用主義的立場。

後現代教育管理過程觀

麥奇尼和加里森❼在考察了80年代教育管理的兩大改革浪潮──強調績效和教師的賦權行為的基礎上，提出了這樣的問題：「在教育管理領域中將出現的第三種浪潮將是什

61－70.

❼J. R. McKinney and J. W. Garrison,〝Postmodernism and Educational Leadership：the New and Improved Panopticon〞, in S. J. Maxcy, ed., *Postmodern School Leadership*, 1994, pp.71－84.

麼?」

　　他們認為,後現代主義對教育中傳統的專家統治論的話語/實踐進行了認真的考察。混亂中的學校並沒有按照理性主義的模式運行。他們建議用「垃圾筒」式的決策方式❽來取代理性主義的決策方式。他們所建議的決策方式是根據情境進行的,並非由縱向線性思維和邏輯來決定。可以用解決、消解、飛越或忽略等各種方式來決定所要選擇的方式。

　　在強調選擇方式充分後現代的基礎上,他們根據傅柯的理論及其對現代全景式監獄的分析,對權力問題進行了反思。由於自我是由歷史、社會、語言等因素建構的,全景式監獄實際上成了現代自我被限制的典型例子。他們認為,現代學校中,個體所接受到的權力技術與用壓制、觀察和比較等方法來指導和控制罪犯的權力技術是相同的。

　　「專家統治式教育」的起源可以追溯到桑代克(E.L. Thorndiike)的行為主義哲學,它造成了這樣一種錯覺,即可以透過測試和泰勒式的「科學管理」來對個體進行權力控制。然而根據後現代主義的分析表明,這種控制不僅是不可能的,而且是有害的。

---

❽所謂垃圾筒式的決策方式,其特徵和步驟是:首先,必須在特定的學校文化和學校成員的共同語言的情境下集體決定問題。其次,必須透過集體參與來尋求問題的解決方法。第三,參與者可以自由出入機構,其聯結紐帶是共同興趣、關注點和社會關係,而不是行政命令和等級制。第四,選擇的可能性需要透過整個機構的參與而進行平衡,在這樣的過程中,權力依然存在,但與現代教育管理相比,則更為分散和合作化(同上注,p.83)。

他們的結論是，學校管理領域的第三種改革浪潮將是：
用後現代主義思想來重新開拓決策方式和權力應用方式。

法扎羅、沃爾特和麥凱羅❾批判了學校和學校管理中的
「科技」主義意識形態。他們分析了兩種基於不同的價值觀
的認知方式，提出現代教育政策偏重技術性知識（以科學爲
目的的有關眞/假的認知過程），忽視常規知識（有關公正/
不公正的認知）。以技術認知方式爲主導的教育思想導致
「結構主義」的教育理論方式。

在結構主義的技術語境中的管理特徵是：個體被淹沒在
組織機構中；其目的是竭力維持現狀；技術性語言遊戲超乎
關於道德和倫理的談論；素行成爲合法化的途徑；教育領導
行爲成了「科學管理」。社會機構成了透過特殊階層的語言
來實行社會控制的工具。他們認爲，必須用後現代主義立場
來反對整體化結構主義及其客觀性和量化假設。

他們指出，取代結構主義的技術性話語的，應該是道德
/倫理的話語/實踐，使它們對學校教育和管理者的私人良心
發生影響。他們認爲，課程的核心必須基於意義而不是技術
性知識。這一核心包括個人知識；歷史、宗敎和哲學；以及
有關善/惡、對/錯（倫理）方面的知識。

斯沃茨❿認爲，後現代主義的任務之一是將質的研究和

❾C. J. Fazzaro, J. E. Walter and K. K. McKerrow, "Education Administration in a Postmodern Society: Implications for Moral Practice", in S. J. Maxcy, ed., *Postmodern School Leadership*, 1994, pp.85-96.

定性的批評熔入教育管理和決策過程中去。他引用米德
（G. H. Mead）和羅遜的觀點，反對「客觀性」和「個人
主義」等天真的現代主義概念，將教育組織中的個體作爲藝
術家來看待。他的質的批判有五個基本原則：(1)將現實看作
是多元的、建構的、整體的；(2)知者和被知者是互動的、不
可分割的；(3)運作假設是與時間和情境緊密相關的；(4)互動
的同時性的塑造（沒有原因沒有效果）；(5)任何問詢都不會
是價值無涉的。採用質的批評不僅能豐富社區基礎和知識基
礎，它還能夠導向新的批判性的管理實踐。

後現代教育管理組織觀

　　約翰遜⓫認爲，要改革教育管理的目標就必須改革組織
結構和管理結構。他考察了後現代性及其後果，指出後現代
的啓示在於，必須將學校看作是書寫有關教師/管理敘事文
本的場所。學校的管理人員必須考慮到學校成員每天帶到學
校來的文化訊息和意義，將它們納入學校的日常工作中，而
這些成員所帶來的意義是受到後現代文化衝擊的結果。學校
管理成爲不斷建構學校與社會關係的行爲。後現代教育管理
的特徵乃強調權力與語言的關係、結構與情境的關係和批判
的實用主義行動，是一種轉變式的教育管理機制。

⓾J. D. Swartz, " Qualitative Criticism ", in S. J. Maxcy, ed., *Postmodern School Leadership*, 1994, pp.97－114.

⓫B. J. Johnston, " Educational Administration in the Postmodern Age, " in S. J. Maxcy, ed., *Postmodern School Leadership*, 1994, pp.115－132.

　　米榮和艾利奧特❷發現，後結構主義理論可以爲新的
「道德領導」提供基礎。他提醒我們考慮當前在學校改革方
面所作的努力，消除現代主義和結構主義的學校敎育管理觀
中的缺陷，對組織機構中的權力關係進行批評和重構，呼籲
建立後現代主義（後結構主義）的學校管理觀。他們的後現
代學校管理觀的核心是反對現代主義將管理者作爲「敎訓式
的領導」來塑造的現象，提倡以學校爲基礎的管理和分享式
的決策方式。他們贊同後結構主義對個體的角色和職能的認
識。希望透過道德力量來建立眞正的、「轉變型的學校管理
方式」。

　　鳩里❸主要針對高等教育和制度的變化兩個方面來硏究
後現代學校管理問題。她呼籲將高等敎育機構作爲「學習機
構」來看待，其本質應該是參與性和諮詢性的，在適應和革
新過程中不斷調整。她希望透過注重高等敎育中各組成部分
的敍事來建立新的更具靈活性的、與整個社會思潮相符的高
等敎育狀況。這樣的高等敎育組織形式必須具有以下特徵
❹：

---

❷L. F. Miron and R. J. Elliott, "Moral Leadership in a Poststrctural
　　Era", in S. J. Maxcy, ed., *Postmodern School Leadership*, 1994,
　　pp. 133－140.

❸B. Curry, "Reconceptualizing Higher Education Organizations", in
　　S. J. Maxcy, ed., *Postmodern School Leadership*, 1994, pp. 141－
　　152.

❹Ibid, p. 151.

---

1. 組織的共同體都參與系統學習和自我學習過程。
2. 組織機構的領導者支持系統學習和自我學習發展過程。
3. 組織中的成員分享領導職能。
4. 組織的運行是根據成員間的關係決定的。
5. 組織中的變化是組織的內部需求引起的。
6. 組織的行為目的是為了其成員的個人發展和職業發展。
7. 組織成員之間的衡量標準是——個人是否處在最好狀況中。

上文對後現代教育管理觀進行了粗略的描述，從這些描述中我們可以發現，雖然這些學者的觀點角度各異、有不同的針對性和提法，但它們還是有一些共同特點和主題。

第二節　後現代學校管理觀的特點及主題

以上各項研究表明，「後現代主義」教育管理典範是有可能出現的。文化的變遷為重新思考教育管理領域中的頑疾及其解決方法提供了可能性。在後現代文化中，教育管理的意義與實踐都發生了全面的變化，呈現出自己的特點。

在後現代主義的視角中，教育管理領域是一個必須用全新的觀點來考察的研究領域與實踐領域。根據後現代主義在真理問題上所強調的多元主義與相對主義來看，一些教育管理研究者認為，必須對如何看待教育管理的問題進行批判性

的詳細研究。必須將對基礎主義的顛覆和反對後設敘事作爲新的管理理論的特徵。還有一些後現代主義者提倡開放文本的非立場（open – textured nonposition）主張。這些後現代理論者認爲，過程重於結構，因而導致了徹底的相對主義。它們反對尋求大寫眞理（Truth）的企圖，提倡「教化哲學」，以及共同體之間的對話交流。⓯

　　在這樣的理論背景下，在教育管理領域占主導地位的現代主義觀點（主要是心理學和社會學觀點）被注重領導與被領導，管理與被管理之間關係不斷轉變的情境變化組合觀所取代。由於知識和權力的關係在散佈到了離教學事件最近的區域，教育管理模式從原來的籌畫與命令轉變爲合作及聯合領導，即根據「領導」活動的任務和所需技能，隨時改變「領導者」和「管理者」。

　　後現代主義教育管理觀的倡導者重新探討了權力、知識和制度的關係。他們通常根據傅柯的權力理論來審視問題。這些問題包括：如何在權力中得到解放？在教育結構中存在的壓制機構怎樣才能被驅除？等等。

　　後現代教育管理觀強調在決策和選擇的過程中對新的方式和程序的開放性。後現代主義注重反思教育實踐和教育話語的重要性，但它拒絕用一種元標準來做這項工作。後現代學校管理注重獨特的程序、強調隱喻、分析和其他方

⓯R. Rorty, *Contigency, Irony, and Solidarity*,（New York：Cambridge University Press, 1989）.

式,反對科學理性主義,反對單一的思考模式、結構主義和實證主義。

　　並且,後現代教育管理觀反對預先設置的管理結構。它認為,除非所有的參與者都對教育不滿意並需要作一些改善,那麼學校文化必須經歷巨大變化的觀點就是不必要的。必須更新教育管理的概念,採用一種不同於在現代主義教育研究和實踐中一直占主導地位的工廠模式的教育管理概念。這種概念之一,是將學校看作由許多人參與組成的道德共同體。❻另一種概念認為學校應該是有機的、非控制性的、心靈創造和自我形成的場所。❼

　　以上我們總結了後現代教育管理觀的特點,在這些特點之下,後現代教育管理觀的幾個主題也是很明顯的。這些主題包括:

1.「學校領導」含義的變化

　　後現代的邊緣化和離散化的特徵使「學校領導」一詞的含義發生了變化。這表現在學校領導的話語和實踐從技術理性的「領導科學」轉向一種發散性的行政管理,這種管理將領導的職責分散到教師與學生、行政管理人員和家長等各方面的互動關係中,並在此之間轉換。這一轉向是值得稱道的,因為它使我們從後現代主義消解後設敘事和宏大理論的

---

❻ T. J. Sergiovanni, *Moral Leadership*,（San Francisco： Jossy－Bass, 1992）.

❼ G. Morgan, *Images of Organization*,（Newbury Park, CA： Sage, 1986）.

角度去重新思考傳統的教育管理問題。後現代領導及其賴以
出現的認識論、過程觀和組織觀開闢了新的話語並爲我們提
供了新的途徑，對用來「處理」人和事的明晰的教條化程序
進行挑戰，同時它提供了許多方式來反對企業式或工廠式的
學校組織方式。後現代主義的教育管理觀再也不是像現代主
義的管理理論那樣的整體化理論。

2.提倡社區化的個人觀

　　後現代主義對現代主義的主體觀的否定意味著「企業式
的內部導向的個人觀」的終結。「超凡能力」（ charisma ）
和「天才」都不再是恰當的標籤。⑱在存在著卡理斯瑪式領
導的地方，我們看到以民主的方式組成的團體在用新的方式
使用資訊。社會不再需要先知和預言家來作領導；在後現
代，這種領導觀和領導形式已經失去了它的魅力。

　　在現代主義時期，對管理行爲構成障礙的因素之一，是
個體的非中心化。由於結構主義試圖從各個部分的相互關係
來解釋組織形成的過程，在這種情況下，個體不得不隱匿。
正如現代主義畫家打破了我們對自主的個體的理解，將人體
的各部分分割開來重新組合在畫布上那樣，那些將人作爲
「人力資本」來談論的現代主義的社會科學家則割裂了人的
行爲。

　　後現代主義者們認爲，歷史並不一定與人類的願望和創

---

⑱F. Jameson, *Postmodernism, or the Culture Logic of Late Capitalism*,
　（ Derham, NC： Duke University Press, 1991 ）, p.306.

造力相對應。李維斯陀（Levi－Strauss）透過考古學方法發現神話是文化空間中的語言學表徵。單一的有創造性的表徵透過成因複雜的文化重新播散；而正是這些成因成功地轉移了在人類思想和實踐中的有創造性的建構個體，將他們改造成傀儡般、對跨文化普遍問題的應答者。在教育管理理論的發展過程中，也出現了類似的情形。現代主義的教育管理理論將個體移植到教育現象的話語之外。創造性的自由人類的話語和實踐則被實證的話語和實踐所取代，學者們熱衷於從各種因素的相互作用來解釋人的成功和失敗的原因。

詹姆斯（W. James）認為，個體是「一系列的回憶、目的、奮鬥、成功或失望」。後現代的教育管理觀試圖重新將個體作為社會的一部分來看待。試圖用與我們的時代所面臨的問題和前景相關的新方式，來重新整合個體。

後現代主義的個人論試圖重新劃界人類的能動作用，從新的角度來研究個體。他們贊同杜威的個人觀。杜威在《新老個人主義》中，抨擊了19世紀自由主義者們的個人主義觀，認為它用原子論的觀點來看待個體，將個體看作與社會對抗的人而不是在社會中的人。這種反對任何習俗的前衛的浪漫個體觀，不能解釋個人在社會團體中是如何工作的。根據他的觀點，後現代教育管理觀認為，必須提倡一種新的個體觀，這種個體觀強調人的相互團結而不是人與人之間無休止的鬥爭。再也不能根據現代主義模式來謀求進步了。

根據其個人觀，現代主義教育管理模式是將某些個體成功地推上領導者位置的模式。它根據學校主管們的控制能力

和把握其所在機構發展方向的能力，將他們分爲有效的和無效的。教育主管們的工作效果由教師和學生的生產效能來衡量。在教育管理領域上，理論的發展只不過是將數據堆變爲數據庫而已。根據控制論的預測觀，現代主義認爲教育管理是可預測的。該理論的集中體現是人力資本理論，它研究如何將組織中的個體塑造爲有生產力單位的問題，從而將個人異化爲整個生產力中的某個零件。

而後現代教育管理所倡導的社區化的個體觀，則試圖重新將人作爲合作的、不受父權制等級關係約束的、爲更好的社會生活和個人生活而努力的個體來看待。這樣，「進步」、「效率」等現代管理的核心概念，就成了需要根據特定情境受到權衡的變量。

3.注重科技發展對教育管理的影響

後現代教育管理將受益於透過科技發展和時空濃縮而對教育價值所進行的重新定義。計算機技術可以使一千朵花同時開放。互動的計算機電話聯絡、互動的電視、對話書本等等減弱了教育者作爲領導的中心地位。在由技術提供知識的地方，發生了一種重整的現象。以前是書本代替了口授的講座，現在是屏幕代替了講座和書本。隨著知識逐步成爲權力，教學向自動化方向發展，管理的方式也必須作出調整。科技發展成爲取消現代教育管理等級制的基礎。

4.注重教育管理中的美

在現代主義教育管理研究和教學中，總是強調認知的中心地位和重要性，而忽視對美的理解的重要性。這種觀念來

源於康德哲學,這種哲學將知識與價值觀分離開來。這樣,現代主義的管理常常將藝術看作是非理性的,對它採取勉強的處理態度。

由於現代教育管理的特徵被定位為為學生的生活和創造設計更合適的社會和文化情境;它很少考慮美學方面的問題。由於害怕無序、喜歡有序,那些落後的管理理論看不到那些新的、對原有結構有威脅性的、提倡美學方面的重建理論所提供的機會。

後現代教育管理觀認為,既然構成和即興創作是後現代的特徵,那麼就必須在掌握深層倫理的基礎上去「構成生活」。後現代教育管理提倡多樣化和平衡化、混沌和有序的結合。規劃但是願意承擔構成過程中的風險觀點,為教育管理提供了一種注重過程的方法,而不是為了效率而進行管理。在這種過程中,美感是一個重要的因素。

5.注重開發後現代批判性管理哲學

在《教育管理研究手冊》中,維洛爾(D. Willower)指出,教育管理理論領域出現的六個新趨勢中,一個重要的特徵是「即使是領導群也對哲學非常無知。」。[19]泰勒則認為,「我們今天所處的境地主要是由對現代主義的反映,以及從中分離和延伸出來的那些部分組成。」[20]後現代主義者

---

[19]D. Willower, " Synthesis and Projection ", in N. J. Boyan(Ed.), *Handbook of Research on Educational Aderministration*: *Postmodern Educational Leadership and Beyond*,(New York: Longman, 1988), p.742.

們試圖揭示這種無知並打破現代主義的樊籬。

　　正如上一節所列舉的，後現代教育管理觀是一系列強有力而多樣化的見解，它們都提出必須建立新的教育管理典範，並爲後現代和後文化的教育管理提供了論據。

　　當然，由於現代主義的教育管理思想和實踐已經經歷了上百年時間，而後現代教育管理思想卻剛剛出爐，因此它還不成熟並具有一些缺陷，還面臨著許多理論和實踐問題。

第三節　後現代學校教育管理觀所面臨的問題

　　後現代教育管理觀面臨著許多理論和實踐問題，這些問題不僅會波及到單個的教師、學生、管理者，還會影響整個教育體制。這些問題包括以下幾個方面：

1.在理論上滑向虛無主義

　　根據布希亞（Jean Baudrillard）[21]的觀點，後現代性中有離散和破裂的跡象。社會有可能崩潰，學校教育和管理的社會概念也可能會終結。根據這種後現代主義觀點，教育會面臨著進一步的崩塌，這種崩塌會將教育事件、教育管理、教育學都變爲虛幻。這種後現代主義觀會導致比伊里奇的「學校消亡論」更爲消極的虛無主義，從而消解理論建構的

[20]C. Taylor, *Sources of the Self*： *The Making of the Modern Identity*,（Cambridge, MA：Harvard University Press）, p.482.

[21]S. J. Maxcy, ed., *Postmodern School Leadership*, 1994, p.158, op. cit.

必要性,對教育管理實踐起了消極作用。

2.依賴道德和倫理力量

後現代主義教育管理觀試圖從道德和倫理角度來重新構建教育管理。比如第一節所介紹的法札羅、沃爾特和麥凱羅就持這種觀點。這種觀點試圖依賴道德和倫理的力量來改變教育管理狀況。但是,必須注意,雖然社區生活中的道德和倫理層面有一定的作用,但它同時是混亂的。後現代教育管理觀並未提出嚴格的方法來處理這些價值觀。並且,以一定的價值觀爲基礎的教育管理理論和時間會導致「皮格馬利翁效應」:如果我們相信某些價值觀處於中心地位,它們就會處於中心地位。同時,與其他價值觀相關的那些道德和倫理問題就會受到忽視。而這樣的結果與後現代精神是相背離的。

3.僅僅將後現代主義作爲口號看待

在這種情況下,後現代主義管理觀僅僅被看作是試探性的前衛理論。而在爲了克服學校教育的危機所提出的戰略中,卻並不採納其思想。教育管理策略還是強調競爭性的學習而不是學生的生活,控制與效率而不是反思,考試分數的變化而不是學習本身。這樣,在後現代的混亂狀況中的教育管理很可能會向另一個方向發展:將處在複雜關係中的事件狀況具體化爲可以用量化方法來評判的產品。這些方法包括「重新建構學校」培養「高效率的管理人才」和適用於衡量教育結果的「全面質量管理」等典型的現代主義作法。這樣,教育管理觀就回到了現代主義的框架中去,使得後現代

主義管理觀形同虛設。

4.可能成為另一種基礎主義

　　後現代主義試圖解構基礎主義的思維方式，它們反對笛卡兒哲學、贊同尼采哲學，其結果是一些後現代主義者陷入了虛無主義的悲觀狀態。

　　為了反對後現代主義的虛無主義傾向，一些提倡批判和反思的後現代主義者（比如，查里霍爾姆斯㉒）試圖重新重視推理過程、決策邏輯和問題解決步驟，他們並非只是揭露對抽象理性的信念，而是為管理理論和課程理論以及決策提供新的推理基礎。他們透過這種理論上的遊戲和概念切換，又回到了另一種基礎主義中去。然而這樣的話，後現代主義所反對的東西又出現在它自己的理論中。

5.具有嚴重的浪漫主義色彩

　　後現代教育管理觀對教育管理者的要求之一，是希望他們像原始社會的狩獵和遊牧部落成員用護身符和盾牌來處理生存問題那樣，來處理當前學校教育的混亂狀況。它們提倡用創造性和智慧來解決後現代教育中的問題，而不是透過經營管理來解決學校危機。這是一種帶有浪漫主義色彩的後現代式的保守主義。

　　這種浪漫的後現代主義，會給教育管理實踐帶來許多弊端。這種教育管理觀傾向於兒童中心的自由主義的教育實

㉒C. B. Cherryholmes, *Power and Criticism*：*Poststructrual Investigation in Education*，（New York：Teachers College Press），1988.

踐,在這樣的實踐中,教師的權力重新得到了強調,從而違
背了後現代主義反對師生之間和管理與被管理之間的二元分
化及權力關係的初衷。甚且,在後現代主義反對基礎主義的
幌子下,佛洛伊德式的教育心理學大行其道,為教育管理帶
來各種難題。

6.後現代主義管理觀僅僅被看作眾多理論中的一種

後現代管理面臨這樣的可能性,即在我們面臨著歷史的
終結的同時,它會一直處於衝突和差異的狀態之中。日裔美
籍學者福山㉓(F. Fukuyama)即指出,歷史正在結束,因
為意識形態的鬥爭已經終結;作為政治生活和社會生活方式
的民主已經取得勝利。但是後現代主義認為,各種衝突將會
繼續,但是會在民主這一主題之下進行。

後現代的不確定性導致了信仰系統的多元化和相對主
義,也導致了後現代主義理論的零散化。後現代主義分裂為
許多各不相同的亞理論(sub – theory)。正如保守者們所
批評的那樣,缺乏核心信仰,在許多各種各樣的旗號下亂
飛。㉔

如果每個理論家都不從屬於某些中心規範的話,其力量

㉓F. Fukuyama, *The End of History and the Last Man*,(New York:
Free Press),1992.

㉔D.Willower, " Synthesis and Projection ", in N. J. Boyan (Ed.),
Handbook of Research on Educational Aderministration: *Postmod-
ern Educational Leadership and Beyond*,(New York: Longman),
1988.

與典型的實證主義研究相比就會顯得很薄弱，從而逐漸會出現尋求終極真理的需要。這樣後現代主義仍然無法脫離現代主義的樊籬。

或者，要是徹底貫徹後現代主義理論的話，後現代主義就必須承認現代主義教育管理理論存在的合理性，從而使教育管理典範的轉變成為泡影。

7.後現代主義教育管理觀可能導致非政治的遊戲現象

後現代主義的反政治性會導致這樣的危險，即淡化關於教育中權力關係政治的研究。在任何歷史性轉換時期，在實行文化轉變的過程中，政治都是影響教育狀況和個人發展至關重要的因素；如果忽視了教育的政治性，將教育看作非政治的遊戲，教育的結果將是不堪設想的。

結語

本章試圖整理各種後現代教育管理觀的大致內容，並對它們進行概括和評論。在探討後現代教育管理觀時，我們必須看到，現代主義的教育管理思想和實踐已經經歷了上百年時間，而後現代教育管理思想卻剛剛出爐近十年，因此它還不成熟並有一些缺陷。但是不管怎樣，它提供了一種新的思路。後現代主義的管理思想不應該是教條也不應該被看作意識形態，它不過是一種建議性的、開放文本式的新觀點而已。

◆後現代教育

第六章　後現代教育思想的啟示

　　本書從考察後現代狀況出發，採用不同的視角和方式，有選擇性地描述和分析了後現代主義對現代教育的反思、後現代課程觀、後現代教育學以及後現代學校管理觀。我們可以看到，儘管筆者的選擇範圍十分有限，但在文本中所呈現的後現代教育思想已經是五花八門，難以定論。並且，和後現代狀況的靈活性和邊際的模糊化相一致，後現代教育觀、課程觀、教育學、學校管理觀之間的界限並非很明確，它們的觀點相互穿插，其中後現代教育觀中所論及的問題是其他各章中的思想的主要參照點或共鳴點。例如後現代主義對教育的認識論基礎的顛覆，在教育研究中的影響波及了各個領域；而傅柯對知識與權力關係的論述則幾乎成了後現代教育學、課程觀和管理觀中所推崇的「聖經」。

　　作為一種反對基礎主義、絕對主義、本質主義的思潮，後現代主義不僅是後現代狀況的反映，而且是人類對自己的發展歷程和生存狀態的深刻反思。而由於教育是人類的基本活動，是人類再生產的重要手段，它直接關係到人類的未來，因此，教育對後現代狀況不僅有不自覺的順應，它也是後現代主義者所無法迴避的問題域。後現代教育思想既包括了基於後現代狀況的需要對教育進行的思考，也包括了從後

現代主義出發對教育的反思。在這些思想中，雖然存在著不少需要進一步思考的理論缺陷和悖論，但是，後現代教育思想之所以成為一種涵蓋整個教育領域的視角，其思想有其合理之處，能夠為我們的教育理論和研究提供一些啓示。這些啓示至少包括以下幾個方面：

為研究教育現狀和策略提供了背景和思路

透過對後現代狀況的考察，我們可以看到，後現代狀況作為一種難以迴避的現實，已經滲透到了整個世界的政治、經濟和文化生活中去，雖然這種滲透的強度對於不同的國家和制度來說是不同的。同樣，教育作為人類各種生活的嬗存手段，不可避免地會受到衝擊。這種衝擊其實已經在發生作用，成為教育研究和決策的論題。但是，在很多情況下，我們並沒有在後現代狀況和後現代教育思想的總背景下去研究和考慮那些問題，使理論和決策處於零散的被動狀態。如果從後現代角度去考察，很多現象和理論就會變得清晰，我們會更容易找到問題的癥結所在，從而更好地解決問題。

例如，後現代狀況對教育的衝擊早在聯合國教科文組織1972年頒發的《學會生存》中已經有所顯露。該書對現代教育的關注點進行了擴充，提出當代時代特徵使我們有必要懷疑這樣的問題：「教育是否可能沿著我們所制定的路線，按照我們目前發展的速度前進？……我們現在所設想的教育機器是否真正滿足了我們時代個人的與社會的需要和願望？」❶雖然全書所採用的假設和對策如果從後現代主義的角度來看都是現代主義的，試圖透過對民主的樂觀態度和對教育資

源的更合理有效的利用來解決問題,但它所提出的許多具體概念和對策無疑是對後現代性的反應。如它所提出的「學習化社會」直接原因是經濟的靈活性和確定性的消失等後現代性,以及現代主義所帶來的環境問題、不平等問題、個人生活的危機。並且,它對伊里奇在內的激進者的理論也採取了寬容態度,認爲它們至少「幫助我們看到其他可能的(即使是極不相同的)體系」。❷儘管它並不認爲這些思想觀點能夠切實解決問題,而仍堅持現代主義的整體性規劃態度。

在聯合國教科文組織1987年頒發的《從現在到2000年:教育內容發展的全球展望》中,後現代性的影響就更明顯了。它論述了現代主義所帶來的世界性問題的嚴重性(第五章),指出必須透過變革教育爲改善未來的境遇服務。教育變革的重點是改革課程,用以學習者爲中心的課程代替以學科爲主的課程,「根據教育的合目的性來改善整個學校生活、教師培訓和教育機構的管理」。❸在它的建議中,許多都體現了後現代主義思想,例如「儘管人們對自然科學和技術的知識十分感興趣,但這些知識並不足以滿足一切渴望,也不足以保證人類的幸福」。❹與後現代對現代主義認識論的反思相吻合;而消除勞動、學習和遊戲之間界限的觀念,

❶UNESCO,《學會生存:教育的今天和明天》,華師大比較所譯,上海譯文出版社,1982,p.52。
❷同上,p.48。
❸UNSCO,《從現在到2000年:教育內容發展的全球展望》,馬勝利等譯;教育科學出版社,1996,p.275。

與後現代主義所倡導的邊界消除以及對後設敘事的批判是一致的。因論文的篇幅所限，本書暫時不進行全面深入的探討。但從以上的簡單舉例中，我們可以看到，由於後現代性的日益顯現，該書中受後現代狀況和後現代主義的影響比《學會生存》更大，有很多方面直接體現了後現代性。在該書中，對伊里奇的態度也有了更「後現代」的理解，它指出：「即使不出現伊凡·伊里奇所說的那種學校消亡的現象，終身教育的實行也會使學校的體制更加靈活。」❺

我們甚至可以用現代性向後現代性轉變的角度和後現代主義的思路，來研究聯合國教科文組織和其他教育機構所作的建議和決策的性質和趨向，為選擇教育的可能性提供參考。

對於具體的教育實踐來說，一些新的教育改革實踐，如小隊教學、全納性學校都體現了後現代主義精神。而對於教育理論研究來說，我們所研究的許多教育理論都是對後現代性的反思或明顯地持後現代主義態度，但這些研究比較零散。雖然許多著作和論文都反映了後現代教育思想，但由於我們沒有從後現代的背景中去理解，這些文章就不容易組成一種對研究界和教育實踐更有影響的力量。並且，如果我們從後現代角度來理解，有些偏狹的判斷就不太會產生了。

當然後現代式的質問有時候自身也是成問題的，但是，

---

❹同上，p.274。
❺同上，p.106。

不管怎樣，它爲我們開拓了視野和思路，對重新理解和構建
教育問題有積極意義。

它的方法論對思考教育問題有啓發意義

後現代教育思想的方法論中最有啓發意義是傅柯、羅逖
等人在分析時所採用的追根尋源的系譜學方式。系譜學方式
促使我們從事物的起源、發展歷程以及影響事物發展的偶然
事件去考察事物，而不是盲目地跟從現行的意見或某一種解
釋。

例如，對於師範類院校的教育學和心理學課程來說，其
初始目的應該是爲了幫助師範生更熱愛和更好地勝任將來的
教學工作，那麼，我們在考慮如何達成這樣的目的的時候，
就不應該死守一種理論模式，用一種統一化、一刀切的教材
對所有師範生灌輸教條式的內容，而應該多加考慮這樣的問
題：在人類所積累的教育經驗中，有哪些可以呈現給師範生
供他們選擇？如何幫助師範生形成對他們今後的教育生涯有
實際意義的教育理念？如何針對不同專業的師範生來開設教
育類課程？既然其初始目的是爲了形成幫助，教育學和心理
學是否有必要截然分開？是否存在其他形成幫助的形式，比
如給以師範生更多了解青少年、了解以後的教師生涯中有可
能出現的問題的機會，而不僅是了解有關知識？而且，對於
每個教授教育基礎課的教師來說，更要考慮這樣的問題：如
何才能對我所教的每個師範生形成更大的幫助？在這樣的前
提下，開課方式和課程內容的選擇都會圍繞有關主題進行，
從而避免教條主義和形式主義所造成的浪費和徒勞無功的現

象。

　　同樣，對於教育研究來說，其初始目的應該是為了更適切地理解教育這一特殊的人類實踐，並試圖對它的改善作出貢獻。那麼教育研究學科的不斷分化，以及「新」學科領域開創者的沾沾自喜就是值得懷疑的。誠然，不同的學科領域為教育提供了不同的理解方式和解釋方式，是無可非議的，但是，如果教育研究者們固著於自己的研究方式和方向，而排斥其他方向並且不關心其他專業的同行的研究，或研究的結論截然不同又不透過相互之間的對話和交流來達成進一步的意見，這樣的研究價值就可能要打折扣。事實上，很多對教育實踐起重大影響的教育家（如杜威），其教育研究範圍都涵蓋了教育的各個方面，並跨出了教育本身的範圍。作為一個有責任感的教育研究者，其研究的起點和終點都應該指向教育實踐，儘管有時是間接地指向實踐。這種後現代式的對教育研究的反思，事實上已經在一些著名的教育研究者們之中出現，例如，胡森（Torsten Husen）就對教育研究尋求普遍目標和普遍有效的理論的現代主義研究方式提出質疑，提出教育既是一門科學又是一門藝術，教育研究應該圍繞論題來劃分而不是按界限分明的單獨學科來看待。❻

　　又比如，在現行教育制度中的許多現象，如果從本源去考慮的話，都會是值得注意和懷疑的。例如考試本來是測試

---

❻胡森，＜教育研究正處在十字路口嗎？試以此文作自我批評＞，載《教育展望》中文版第23期，1990年5月，pp.31－47。

學生對知識掌握程度的手段，而在考試制度的實行過程中，它不僅成了對學生進行等級區分的標準，而且成爲學校之間、班級之間、教師之間競爭的尺度。學生的考試成績直接地影響到教師的榮譽、職稱、工資等切身利益，從而使教師很自然地注重學生的學業成績而不是其成長歷程，甚至會出現歧視學業成績差的學生的現象。如果將考試成績與教師利益之間的關係弱化，可能會使教師更注重各個學生的發展，從而還考試以其原本的功能。

系譜學的反思還可以用於其他教育問題，因篇幅關係不再舉例。這樣的反思可能會有偏激的傾向，但對於教育事業的發展來說卻是必須的。

它促使教育研究者重視原先被忽視的問題

後現代主義對基礎主義、整體化理論的拒斥使教育研究者們的視角發生了轉變，促使我們去考慮原先被忽視或迴避的那些問題。這些問題包括：差異問題、他者問題、權力問題、課程內容的合法性問題等比較宏觀的理論問題；以及吸毒、同性戀、愛滋病等被現代學校教育所迴避的具體問題。

後現代主義在消解了現代主義有關自由、平等的神話的基礎上，將差異作爲民主的中心概念。差異體現在人與人之間、文化與文化之間。後現代分析使我們正視人與人之間的差異是不可避免的，試圖透過掩飾差異來達到「平等」是自欺欺人的作法。重要的是要反對基於差異而產生的等級制、畸形的競爭，反抗在社會中處於優越地位的人和團體對他人的優先權和控制權。每個人對於他人來說並非是「客體」，

而只是「他者」，人與人之間的關係是主體間性的關係，文化與文化、人與自然世界之間的關係也是如此。在這樣的前提下，尊重「他者」以及「他者」的聲音和文化，成為人擺脫現代社會異化現象的途徑。正因為人與人、與外界世界的關係不再是主客體的關係，教育的任務就從使學生認識外界、進行篩選和分層、培養競爭能力轉向形成學生的個人履歷、形成與外界（包括他人）的和諧關係、培養分享（sharing）和關愛（caring）的能力。在這裡，現行制度中的權力關係，以及如何正視和瓦解這些權力，或利用權力來達成後現代教育的目的，就成為後現代教育思想所關注的問題。或者，在權力不可避免的情況下，如何對學生和處境不利團體進行賦權（empowerment）就成為教育研究的課題。而由於教育任務的變化和認識論的變化，原先課程設置的方式及其內容的合法性也受到了懷疑，課程開發向多元化、主題化、跨學科、跨文化等方向發展。在這種情況下，教育哲學與教育學、課程論和教育管理觀的關係也更為密切，從而使研究的範圍和方法也更為多樣化。

後現代主義對教育研究範圍的拓寬作用，已經對比較教育領域產生影響。例如，拉斯特（V. D. Rust）認為，「後現代主義必須成為比較教育研究論壇中的一個中心概念。」❼後現代主義對比較教育研究的意義在於，它提醒比

---

❼ V. D. Rust, " Postmidernism and its Comparative Education Implications ", in *Comparative Education*, 1991, No.4, p.610.

較教育研究界去注重以下幾個方面的問題：⑴後設叙事的極
權主義本質；⑵「他者」問題；⑶科技發展所引起的訊息社
會的出現；⑷日常生活中的藝術和美的問題。他指出，後現
代運動雖然有其內在問題，但其利大於弊。比較教育界必須
盡早加入到這場運動中去，批判地研究在比較教育領域的占
主導地位的後設叙事，同時將注意力轉向小的叙事（small
narratives），和世界上更廣泛範圍中的他者。並且，比較
教育界還必須在研究訊息技術的解放性潛力的同時，警惕它
可能帶來的危害。教育中高雅文化和通俗文化關係的比較，
也應該是比較教育界的研究課題。這樣，比較教育研究就將
其研究領域拓寬到對知識、理性主義、交流、美學、權力等
問題的理解和分析等方面。

　　後現代主義對以上問題的關注，也反映在具體的教育問
題上。後現代教育思想認爲，現代教育並未能夠合格地承擔
起幫助兒童成長的責任，它只是在假設學校是個封閉平衡系
統的前提下，試圖教給學生各種知識、培養學生的理性思維
能力、控制自己行爲的能力、形成一定的社會規範和道德，
成爲合格的公民。然而事實上，在學生的成長過程中所需要
的幫助和指導遠遠不止這些，只要是學生生活中會遇到的問
題，都可能對學生的成長產生影響。因此，學生成長過程中
的非理性因素，包括感情、心理等方面的各種因素；以及成
長過程中的各種「不良」現象，都成爲教育必須正視的重要
因素和問題。學校再也不能因爲學生看了黃色小說而開除學
生，而必須承擔起疏導和幫助這類學生走出誤區的責任。同

樣,許多由社會狀況而引發的問題,如同性戀問題、愛滋病問題、吸毒問題以及校園內的暴力問題都成為教育領域的討論對象。例如,《哈佛教育評論》1996年第二期專刊討論同性戀與教育的關係,其中有同性戀的教師談她的同性戀傾向對其教學的積極意義,有討論在教育中是否應該給同性戀以合法地位等方面的問題;該雜誌1995年第二期的專刊則討論青少年的暴力行為問題;另外還有些文章討論如何在課程中正視並討論吸毒問題❽⋯⋯,總之,後現代教育不再迴避學生可能會具有的人類荒唐和醜陋的那些方面,試圖對它們採取包容的態度,盡量減少這些問題所造成的危害,促使學生作出有利於自己的幸福和他人的幸福的選擇。這樣,它自然地促使我們思考更多的不被重視的教育問題,從而使教育向著與現代主義教育不同的方向發展。

後現代教育思想對教育研究和實踐的啟示還有很多,比如它的一些論題:對唯科學主義的批判,對二元論的批判,對決定論的懷疑都對教育領域有啟發意義,在此暫不一一論述。筆者以為,後現代教育思想的最重要貢獻,在於它的批判精神和涵蓋力,在於它的責任感和對各種教育話語的寬容能力。儘管理論龐雜無章,但它們還是有共同之處,其間的爭論和消長為教育理論和實踐的典範轉換提供了希望和可能

---

❽如,J. R. Jones, "Drug Talk in Context: the Relationship Between Situation and the Performance in the Expression and Reception of Drug – related Knowledge", in *Journal of Curriculum Studies*, 1995, No.4, pp.463－477.

性。

　　當然，後現代教育思想中有許多值得懷疑和商榷之處。
在第五章中，我們針對其理論缺陷已經作了一些討論。它的
致命弱點在於：首先，它與一些現代主義的教育思想有千絲
萬縷的聯繫，有許多思想甚至是現代主義教育思想的翻版和
擴充。比如，有些思想直接來源於實用主義或過程哲學。其
次，它具有濃厚的烏托邦色彩。由於其中的思想很多都停留
在反思和設想階段，並沒有提出切實可行的對策，因而後現
代教育思想的空想色彩十分明顯。並且，它所提倡的各種話
語的並存爲相對主義提供了土壤，從而使後現代教育思想的
批判力度減弱，成爲現代主義教育思想的陪襯。更爲嚴重的
是，後現代主義的遊戲態度使理論的倡導者本身都懷疑自己
理論的可行性❾，在這種情況下，怎麼能使別人信服並去實
施其理論呢？

　　對於後現代教育思想的討論是難以窮盡的，正如「有多
少後現代主義者就有多少種後現代主義」那樣，每個人在解
讀後現代教育思想時都會有自己的角度和取向。本書只不過
是提供了一種非常有限的選擇和理解而已。透過本書，筆者

---

❾比如，在＜後現代主義與教育管理：新型的高級全景式監獄＞一文
中，作者在結論中指出，「不能對（教育管理）的垃圾筒式模式採取
太認眞的態度，用德希達的話來說，它是一個自我解構的敘述，不會
成爲一種解構權力的教條。」J. R. McKinney and J. W. Garrison,
" Postmodernism and Educational Leadership： the New and Im-
proved Panopticon ", in S. J. Maxcy, ed., *Postmodern School
Leadership*, 1994, pp.71－84.

希望能夠引發對討論後現代教育思想的興趣，從而以更多的角度和姿態來看待教育的現代化問題、教育的國際化和本土化的關係問題、後現代狀況中的課程設置、師生關係、教育管理等問題，使教育發展盡可能地避免現代主義的弊端，更好地為促進青少年的健康成長、增進國民幸福和人類幸福的目標服務。

參考書目

英文：

1.R. T. Allen, "The Meaning of Life and Education", *Journal of Philosophy of Education*, 1996, No.1, pp.47－51.

2.M. W. Apple, *Ideology and Curriculum*, London：Routledge and Kegan Paul, 1979.

3.J. Arac., ed., *Postmodernism and Politics*, Minneapolis：University of Minnesota Press, 1986.

4.R. V. Arcilla, "Edification, Conversation, and Narrative：Rortyan Motifs for Philosophy of Education", *Educational Theory*, 1990. No.1, pp.35－37.

5.S. Aronowitz, *Postmodern Education：Politics, Culture, and Social Criticism*, Minneapolis：University of Minnesota Press, 1991.

6.Bain, J. William, Kiziltan, etc., "Postmodern Conditions：Rethinking Public Education", in *Educational Theory*, 1990, No.3.

7.Bates, *Is There a New Paradigm in Educational Administr-*

ation？New Orleans, 1988.

8.R. Barnett, "Knowledge, Higher Education and Society：A Postmodern Problem", in *Oxford Review of Education*, 1993, No.1, pp.33－46.

9.Baudrillard, J., *Simulations*, New York, 1983.

10.L. E. Beyer, "Discourse or Moral Action：A Critique of Postmodernism", in *Educational Theory*, 1994, No.2, pp.371－393.

11.N. Blake, "Between Postmodernism and Antimodernism：The Predicament of English Studies", *British Journal of Educational Studies*, 1996, No.1.

12.A. Bloom, *The Closing of American Mind*, New York：Simon & Schuster, 1987.

13.Bourdieu, "Cultural Reproduction and Social Reproduction", in J. Karabel and A. H. Halseu eds., *Power and Ideology in Education*, Oxford：Oxford University press, 1977.

14.C. A. Bowers & H. Gintis, *Schoolig in Capitalist America*, New York：Basic Books, 1976.

15.Capra, *The Turning Poing：Science, Society, and the Rising Culture*, New York：Bantan 1982.

16.N. Carol, "Postmodernism, Feminism, and Education：The Need for Solidarity", in *Educational Theory*, 1989, No.2.

17.W. Carr, " Education and Democracy：Confronting the Postmodern Challenge ", in *Journal of Philosophy of Education*, 1995, No.1, pp.75－91.

18.C. Cherryholmes, " A Social Project for Curriculum：Post-structral Perspective ", *Journal of Curriculum Studies*, 1987, No.4, pp.295－361.

19.C. Cherryholmes, *Power and Criticism：Poststructural Investigation in Education*, （New York： Teachers Colledge Press）, 1988.

20.M. Child, D. William & A. J. Birch, " Autonomy or heteronomy?－－－Levina's Challenge of Modernism and Postmodernism ", in *Educational Theory*, 1995, No.2.

21.W. Doll, *Prigogine： A New Sense of Order, A New Curriculum*, unpubished paper. （來自多爾寄給鍾啓泉先生的材料）

22.W. Doll, " Foundations for a Post-modern Curriculum ", in *Curriculum Studies*, 1989, No.3, pp.243－253.

23.W. Doll, *A Post-modern Perspective on Curriculum*, New York： Teachers Colledge University Press, 1993.

24.Elkind, School and Family in the Postmodern World, in *PHI DELTA KAPPAN*, 1996, No.1.

25.R. Eisler, *The Chilice and The Blade： Our History, Our Future*, （Harper & Row Publishers, 1988）, 中譯本《聖杯與劍》程志民譯, 社會科學文獻出版社, 1995。

26.M. Foucault, *The Archaeology of Knowledge*, New York： Pantheon Books, 1972, 1976.

27.M. Foucault, *The Order of Things*： *An Archaeology of the Human Sciences*, New York： Pantheon Books, 1971.

28.M. Foucault, *Language, Counter-memory and Practice*： *Selected Interviews and Other Writings*, ed. G. Gordon, New York： Pantheon, 1977.

29.P. Freire, *Pedagogy of the Oppressed*, New York： Herder and Herder, 1970.

30.J. M. Fritzman, "Lyotard's Paralogy and Rorty's Pluralism： Their differences and pedagogical implications", in *Educational Theory*, 1990, No.3, pp.371－380.

31.F. Fukuyama, *The End of History and the Last Man*, New York： Free Press, 1992.

32.D. A. Gabbard, "Ivan Illich, Postmodernism, and the Eco-crisis： Reintroducing a ' Wild ' Discourse", in *Educational Theory*, 1994, No.2, pp.173-187.

33.A. Giddens, *Consequences of Modernity*, Cambridge, Polity Press, 1990.

34.C. Gilligan, *In a Different Voice, Cambridge*, MA： Harvard University Press, 1982.

35.H. Giroux & P. Mclaren, eds., *Between Borders*, New York： Routledge, 1994.

36.B. M. Gordon, " The Bootstrap Ideology of Educational

Reform：What the Recent Say about the Current and the Future of Blacks in Higher Education ", in C. M. Shea, E. Kahane, & P. Sola eds. *The New Servants of Power*：*A Critique of the 1980's School Reform Movement*, New York：Greenwood, 1989, pp. 87－102.

37.N. Gough, " From Epistemology to Ecopolitics：Renewing a Paradigm for Curriculum ", in *Journal of Curriculum Studies*, 1989, No. 3, pp.225－241.

38.B. Green, " Post-curriculum Possibilities：English Teaching, Culture Politids and Postmodern Turn ", in *Journal of Curriculum Studies*, 1995, No.4, pp.391－409.

39.B. Green, C. Bigum, " Governing Choas：Postmodern Soience, Information Technology and Educational Administration ", in *Educational Philosophy & Theory*, 1993, No.2.

40.M. Grumet, *Bitter Milk*：*Women and Teaching*, Amherst：University of Massachusetts Press, 1988.

41.J. Habermas, *Legitimation Crisis*, London, Heinemann, 1976.

42.J. Habermas, " Modernity—an Incomplete Project ", in H. Foster, ed., *The Anti-aesthetic*：*Essays on Postmodern Culture*. Bay Press, 1983.

43. A. Hargreaves. *Changing Teacher, Changing Times*, Casesll, 1994.

44.F. Jameson, *Postmodernism or the Culture Logic of Late Capitalism*, Derham, NC：Duke University Press, 1991.

45.J. R. Jones, " Drug Talk in Context： the Relationship between Situation and the Performance in the Expression and Reception of Drug-related Knowledge " , in *Journal of Curriculum Studies*, 1995, No.4, pp.463－477.

46.D. Kellner, " Postmodernism as Social Theory： Some Challenges and Problems " , in *Theory, Cultrue and Society*, 1985, No.2, p.262.

47.J. Kozol, *Death at an Early Age*, Boston： Houghton Mifflin, 1967.

48.J. Kozol, *Savage Inequalities： Children in America Schools*, New York：Crown, 1991.

49.P. Lather, " Deconstructing/ Deconstructive Inquiry： the Politics of Knowing and Being Known " , *Educational Theory*, 1990. No.1, pp.35－37.

50.C. Luke and J. Gore ed. , *Feminism and Critical Pedagogy*, New York, Routledge, 1992.

51.Lyotard, *Postmodern Condition： A Report on Knowledge*, Minnepolis： Minnesota University Press, 1984.

52.S. J. Maxcy, ed., *Postmodern School Leadership： Meeting the Crisis in Educational Administration*, Lodon： Praeger Publishers, 1994.

53.P. McLaren, *Life in Schools： An Introduction to Criti-*

cal *Pedagogy in the Foundations of Education*, New York：Longman, 1989.

54.P. McLaren, "Critical Pedagogy, Political Agency, and the Pragmatics of Justice： The Case of Lyotard", *Educational Theory*, 1994, No.3.

55.G. Morgan, *Images of Organization*, Newbury Park, CA：Sage, 1986.

56.A. Neiman, "Ironic Schooling： Socrates, Pragmatism and the Higher Learning", in *Educational Theory*, 1991, No.4, pp.371-384.

57.J. Murphy, "Computerization, Postmodern Epistemology, and Reading in the Postmodrn Era", in *Educational Theory*, 1995. 2.

58.C. Nicholson. "Postmodernism, Feminism, and Education： The Need for Solidarity", in *Educational Theory*, 1989, No.3, pp.197-205.

59.N. Noddings, *Caring： A Feminist Approach to Ethics and Moral Education*, Berkeley：University of California Press, 1984.

60.N. Noddings, *The Challenge to Care in Schools： A Alternative Approach to Education*, New York： Teacher Colledge Press, 1922.

61.N. Noddings, "Postmodern Musing on Pedagogical Use of the Personal", in *Journal of Curriculum Studies*,

1995, No.4, pp.391 – 409.

62.A. T. Nuyen, " Postmodern Education as Sublimation ", in *Educational Theory*, 1996, No.1, pp.93 – 103.

63.A. T. Nuyen, " Lyotard on the Death of Professor ", in *Educational Theory*, 1992, No.1, pp.25 – 37.

64.D. Orr, *Ecological Literacy* : *Education and the Transition to a Postmodern World*, Albany : State University of New York Press, 1992.

65.M. Peters, " Tech-science, Rationality, and the University : Lyotard on the Postmodern Condition ", in *Educational Theory*, 1989, No.2.

66.M. Peters, " Postmodernity and the Death of Politics : A Brazilian Repreciev ", in *Educational Theory*, 1986, No.4.

67.M. Peters, " ' Performance ', the future of the University and ' Post-industrial ' Society ", in *Educational Philosophy & Theory*, 1994, No.1, pp.1 – 23.

68.M. Peters, " Education and the Postmodern Condition : Revisiting Jean – Francois Lyotard ", in *Journal of Philosophy of Education*, 1995, No.3, pp.387 – 400.

69.W. Pinar, *Curriculum Theorizing* : *The Reconceptualists*, Berkeley, CA : McCutchan, 1975.

70.T. S. Popkewilz, " The Production of Reason and Power : Curriculum History and Intellectual Traditions ", in *Jour-*

nal *of Curriculum Studies*, 1997, No.2, pp.131 – 164.

71.R. Rorty, *Habermas and Lyotard on Postmodernity*, in R. Bernstein, ed. , Habermas and Modernity, Cambridge: MIT Press, 1985.

72.R. Rorty, *Philosophy and the Mirror of Nature*, Princeton University Press, 1979.

73.R. Rorty, *Contigency, Irony, and Solidarity*, New York: Cambridge University Press, 1989.

74.R. Rorty, " The Dangers of Over-philosophieation – Reply to Arcilla and Nicholson " , in *Educational Theory*, 1990, No.1.

75.M. A. Rose. *The Post-modern and the Post-industrial*, Cambrige University Press, 1991.

76.A. Ross ed., *Universal Abandon ? The Politics of Postmodernism*, Minneapolis: University of Minnesota Press, 1988.

77.V. D. Rust, " Postmidernism and its Comparative Education Implications " , in *Comparative Education*, 1991, No.4, pp.610 – 626.

78.R. Scholes, *Texual Power*, New Haven: Yale University Press, 1985.

79.T. J. Sergiovanni, *Moral Leadership*, San Francisco: Jossy-Bass, 1992.

80.P. Slattery, *Curriculum Development in the Postmodern Era*, Garland Publishing Inc. , 1995.

81.P. Slattery, "A Postmodern Vision of Time and Learning : A Respose to the 'National Education Commission Report' Prisoners of Time", in *Harvard Educational Review*, 1995, No.4.

82.P. Smeyers, "Education and the Educational Project I : The Atmosphers of Postmodernism", in *Journal of Philosophy of Education*, 1995, No.1, pp.109 - 119.

83.P. Smeyers, "Education and the Educational Project II : Do We Care About it?" in *Journal of Philosophy of Education*, 1995, No.3, pp.401 - 413.

84.B. J. Smith, *Politics and Rememberance*, Princeton University Press, 1985.

85.P. Standish, "Postmodernism and the Education of the Whole Person", *Journal of Philosophy of Education*, 1995, No.1, pp.121 - 135.

86.W. Stanley, *Curriculum for Utopia : Social Reconstructionism and Critical Pedagogy in the Postmodern Era*, Albany : State University of New York Press, 1992.

87.N. P. Stromquist, "Romancing the State : Gender and Power in Education", *Comparative Education Review*, 1995, 4, pp.423 - 454.

88. Symposium, "Curriculum Paradigms and Postmodern World : Three Perspectives", *Journal of Curriculum Studies*, 1989, No.3, pp.223 - 224.

89.T. Szkudlarek, *The Problem of Freedom in Postmodern Education*, London：Bergin & Garvey, 1993.

90.C. Taylor, *Sources of the Self*： *The Making of the Modern Identity*, Cambridge, MA： Harvard University Press, 1989.

91.A. Thompson & A. Gitlin, "Creating Spaces for Reconstructing Knowledge in Feminist Pedagogy", in *Educational Theory*, 1995, No.2, pp.125-150.

92.D. Turner, *Theories of Modernity and Postmodernity*, London, Sage Publications, 1990.

93.R. Usher & R. Edwards, *Postmodernism and Education*, London： Routledge, 1994.

94.R. Usher, " Experience in Adult Education： A Postmodern Critique", in *Journal of Philosophy of Education*, 1992, No.2, pp.201-213.

95.M. Weinstein, " Social Justice, Epistemology and Educational Reform", in *Journal of Philosophy of Education*, 1995, No.3, pp.369-386.

96.P. White, *Personal and Social Education*： *Philosophical Perspectives*, The Bedford Way Series, 1989.

97.D. Willower, Synthesis and Projection, in N. J. Boyan ed., Handbook of Research on Educational Adermini-stration. Postmodern Educational Leadership and Beyond. New York： Longman, 1988.

98.C. Winch, " The Aims of Education Revisited ", in *Journal of Philosophy of Education*, 1996, No.1, pp.33 −44.

99.W. G. Wraga, " Toward a Curriculum Theory for the New Century ", *Journal of Curriculum Studies*, 1996, No.4, pp.463−474.

中文：

1.《馬克思恩格斯選集》第一卷，人民出版社，1995。

2.丹尼·貝爾《後工業社會的來臨》，高銛等譯，商務印書館，1986。

3.王治河，＜論後現代主義的三種形態＞，載《國外社會科學》，1995年，第一期。

4.蒂洛·夏伯特，＜現代性與歷史＞，載《第歐根尼》，1985年，第一期。

5.戴本博，《外國教育史》，人民教育出版社，1989。

6.劉放桐，＜後現代主義與西方哲學的現當代走向＞，載《國外社會科學》，1996，No.3。

7.鍾啓泉，《現代課程論》，上海教育出版社，1989。

8.傅柯，《性史》，張廷琛等譯，上海科學技術文獻出版社，1989。

9.《傅柯》，楊大春著，台灣生智出版社，1995。

10.鄧志偉，＜後現代主義思潮與西方批判教育學＞，載《外

國教育資料》，1996年，第四期。

11.《西方女性主義研究評介》，鮑曉蘭主編，北京三聯書店，1995年。

12.〔日〕尾關周二，《共生的理想：現代交往與共生、共同的思想》，卞崇道等譯，中央編譯出版社，1996。

13.鍾啓泉，＜地球市民論與課程＞，載《外國教育資料》，1996年，第三期和第四期。

14.〔德〕克拉夫基，＜現代世界的核心問題和教育的任務——對國際教育的設想＞，彭正梅譯，載《外國教育資料》，1996年，第六期。

15.伊‧普里戈津與伊‧斯唐熱，《從混沌到有序：人與自然的新對話》，曾慶宏等譯，上海譯文出版社，1987。

16.〔美〕大衛‧格里芬編，《後現代科學——科學魅力的再現》，馬季方譯，中央編譯出版社，1995。

17.UNESCO，《學會生存：教育的今天和明天》，華師大比較所譯，上海譯文出版社，1982。

18.UNSCO，《從現在到2000年：教育內容發展的全球展望》；馬勝利等譯；教育科學出版社，1996。

19.胡森，＜教育研究正處在十字路口嗎？試以此文作自我批評＞，載《教育展望》中文版，第23期，1990年5月，第31－47頁。

20.趙汀陽，《論可能生活》，北京：三聯書店，1994。

21.〔荷蘭〕佛克馬‧伯頓斯編，王寧等譯，《走向後現代主義》，北京大學出版社，1991。

後現代教育

揚智叢刊 24

著　　者/張文軍

出　版　者/揚智文化事業股份有限公司

發　行　人/葉忠賢

責任編輯/賴筱彌

執行編輯/韓桂蘭

登　記　證/局版北市業字第 1117 號

地　　址/台北市新生南路三段 88 號 5 樓之 6

電　　話/886-2-23660309　23660313

傳　　真/886-2-23660310

郵政劃撥/14534976

印　　刷/偉勵彩色印刷股份有限公司

法律顧問/北辰著作權事務所　蕭雄淋律師

初版三刷/1999 年 3 月

定　　價/新台幣 200 元

南部經銷商/昱泓圖書有限公司

地　　址/嘉義市通化四街 45 號

電　　話/05-2311949　2311572

傳　　真/05-2311002

I S B N /957-8446-64-0

E-mail /ufx0309@ms13.hinet.net

↳本書如有缺頁、破損、裝訂錯誤，請寄回更換。

版權所有　翻印必究

國家圖書館出版品預行編目資料

後現代教育=Post-modern Education / 張文軍著.
-- 初版.-- 台北市：揚智文化, 1998 [民 87]
面； 公分.-- (揚智叢刊；24)
參考書目：面
ISBN 957-8446-64-0 (平裝)

1. 教育-哲學, 原理

520.1   87002269

揚智叢刊27

歐洲合眾國
歐洲政治統合理想之實踐

THE UNITED STATES OF EUROPE

王皓昱 著

定價 **250** 元

二百多年前，政治觀察家多不看好北美新格蘭地區，能成功的組成一個新的國家—「美利堅合眾國」(United States of America)。今天的歐洲統合運動也是處於類似不被看好的局面。然而，經過四十多年的統合運動，歐洲共同體已進化成「歐洲聯盟」，它的存在是國際政治發展史上的大事，對極力倡導大一統歐洲的理想主義者來說，更希望未來能繼歐洲聯盟進而實現「歐洲合眾國」(United States of Europe) 的理想；然而，台灣對於歐洲的瞭解卻相對落後。在此書中，作者將試著從總體、宏觀的面向去考察歐洲統合運動，瞭解其成果，理解其困難，並推斷其可能的發展方向。

揚智叢刊29

倫理政治論
一個民主時代的反思

A Treatise on Ethical Politics

許國賢 著

定價 200 元

民主時代是群眾的躍起與歡慶時代，但倘若公民們未以提昇道德品質為念，而僅注重個人權利的確保，同時政治經濟體制又不能激勵人們的道德自覺，其結果將會如何呢？本書試圖從此一角度探問當代政治生活的難題，以及改善既存的行為文法構造的可能性，並評估當前政治理論的困局與未來的進路。